U0022324

宗教文庫

經典禪詩

吳言生 著

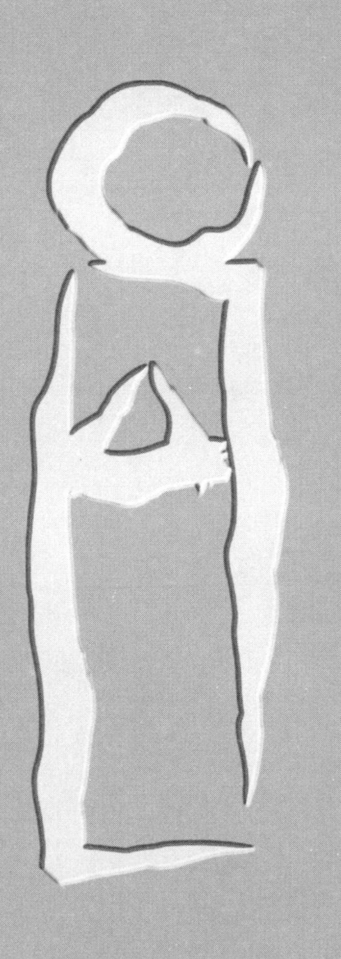

東大圖書公司

自　序

禪宗詩歌有數萬首之多，是一筆豐厚的文化遺產。本書的經典禪詩，是在這些禪宗詩歌中精選而成。

禪宗詩歌，從創作主體上來看，歷來包括禪僧創作的悟禪之作，和文人創作的帶有禪味的詩歌兩大類。本書所探討的經典禪詩，是指前一類。與純文學性的詩歌不同，禪宗詩歌的著眼點不在於文字的華美、技巧的嫻熟，而在其禪悟內蘊的深邃、豐厚，因此本書的著眼點也放在這裡。

本書是按照時間順序來撰寫。

第一，前分燈時代的禪詩。禪宗詩歌創作的鼎盛時期是在分燈禪之後，即禪宗「一花開五葉」、形成了五家七宗之後。但這並不表明在前分燈時期就沒有禪詩的創作。慧能的得法偈，標誌著中國禪的新時代的到來，對理解南宗禪法有著極其重要的意義，是禪宗以詩寓禪的起源。因此我們把它作為前分燈時期的重要禪詩加以探討。慧能的弟子永嘉玄覺的《永嘉證道歌》，是膾炙人口的佳作，是明心見性的證悟者所抒發的正知正見，具有深厚、強烈的佛學思辨力、禪學感悟力和藝術感染力。因此，我們把它作為前分燈時期禪詩的另一首重要作品加以介紹。

第二，臨濟宗禪詩。禪宗五家七宗，每宗的禪法都有其綱領、宗要，表達這些綱領、宗要的詩就是綱宗詩。此處先選取臨濟禪「四喝」、「四料簡」、「四照用」等綱宗詩加以探討。這些綱宗詩，通過鮮明的藝術形象，表達了臨濟禪深邃的思想。在藝術上，通過意象組合的矛盾性、跳宕性、空靈性，展示出一幅幅詩禪感悟境象。臨濟宗禪學感悟的精髓，主要體現在「無事是貴人」、「無位真人」、「無依道人」三個方面，並用詩歌的形式加以生動直觀的反映。本章分析了這些禪髓詩，揭示其美學特徵。在臨濟宗人中，汾陽善昭的禪詩創作數量多，質量高，本章專闢一節加以探討。

第三，潙仰宗禪詩。潙仰宗的宗風是體用雙彰。潙仰宗禪詩主要體現為無心是道、體用圓融的詩禪感悟。這些禪詩以生動鮮明的藝術形象、超妙深邃的哲人睿思、不假雕飾的語言風格，表達了潙仰宗人對自性之美、人性之光的獨特感悟，對澄明高遠的生命境界的追求。

第四，曹洞宗禪詩。禪宗五家七宗中，曹洞宗的禪詩最為引人注目。曹洞宗遠紹石頭《參同契》、曇晟《寶鏡三昧》，通過獨特的禪修教化實踐，建立了「五位」、「迴互」之說，並以詩歌的形式使之廣為流傳。曹洞宗禪詩象喻系統，是由相對的兩大意象群組成，即本體意象群、事相意象群。曹洞宗的各種五位，都是上述兩大意象群的不同迴互關係。由這兩組意象的兼帶迴互出發，形成了曹洞宗禪詩的審美特質。本章分析曹洞宗經典禪詩，指出曹洞宗禪詩啟迪人們揚棄分別意識，將相對的意識逐層剝離，從而頓悟真如佛性，拋棄二元、相對、有限、虛幻、無常的世俗意象，進入一元、絕對、無限、真實、永恒的禪悟之境，為我們展示了一個嶄新的禪悟美學情境。

第五，雲門宗禪詩。雲門宗的要義與精華集中表現於「雲門三句」。一、「涵蓋乾坤」的詩禪感悟。乾坤萬象都是真如的顯現，山河大地即是真如。二、「截斷眾流」的詩禪感悟。截斷奔馳疾馳的情識心念，指示參禪者返照自心以獲得頓悟。三、「隨波逐浪」的詩禪感悟。雲門三句生發出隨緣適性、隨機接引的美感特質。雲門宗禪詩，深刻表現了對雲門禪法的體證。

第六，法眼宗禪詩。法眼宗「一切現成」的宗風，主要得益於般若無知論。「一切現成」摒落思量分別，注重當下現實性，因此法眼宗禪詩既有淡泊寧靜的意境，又有在常人看來不可思議的禪定直覺意象。

第七，楊岐宗禪詩。楊岐宗禪詩以平實無華見長，同時兼具陡峻直截、內具圭角的特點。楊岐宗禪詩的美感特質是：一、坐斷千差，超越對立。二、立處即真，觸事而真。通過對楊岐宗禪詩的探討，可以發現，楊岐宗人具有精湛的詩學素養，接機說法、提舉公案時，古典詩詞名句和自鑄新詞流暢自如地湧現，使得楊岐禪呈現出詩禪一如的化境。

第八，黃龍宗禪詩。黃龍宗對禪宗史、詩歌史的重要影響，是黃龍宗青原惟信禪師提出的見山見水三階段命題。本章從這個角度入手，探討黃龍宗禪詩的禪悟思維、美感特質，指出黃龍宗禪詩呈現出境象玲瓏、空明澄澈的特徵。

在具體分析了五家七宗的經典禪詩之後，本書第九部分對禪宗詩歌的審美境界作一總結性揭示。禪宗詩歌表達了獨特的禪悟體驗，其審美境界的範型主要有四類：

其一，一切現成的現量境。「般若無知」是禪宗詩歌的重要思想淵源之一。在禪宗看來，世俗智慧是對現象界片斷的、虛幻的對象的認識，它承認主客觀的存在，承認邏輯思維、推理作用；而般若則是神祕的直觀，它無知而無所不知，是洞察一切、無所遺漏的一切知，是最全面最高的智慧，觀照活動不需要經過任何感覺思維，不必借助任何語言、文字。由世俗之知昇華到般若的無知，即是參禪最親切的悟入之處。清除了世俗之知，山水自然呈現於觀照主體的，已不是外在的色相，而是內在的真如佛性之美。觀照主體泯除了心念意識，水月身心，通體澄明。此時觀照萬象，所見所聞悉是真如自性的顯現，由此形成了禪宗詩歌觸目菩提的美感特質。禪宗詩歌表徵了現象界的乾坤萬象都是真如的顯現，山河大地即是真如的禪悟境界，以一幅幅清麗如畫的圖景，作為禪者悟道的契機：秋風、玉露、碧水、青山、吟蛩、鳴蟬、翠峰、金柳、樵唱、漁歌……清麗如畫的景色，即是啟人心智的菩提大道。禪宗詩歌生動地反映了從蛙聲悟道、從柏樹子悟道、從火爐頭悟道等開悟情境。在禪宗看來，既然萬法皆體現著真實的本性，作為萬法之一的人類隱秘情感的愛情，同樣能體現出真實的本性，因此在人類的豔情與禪思之間有著相通之處，由此形成了禪宗詩歌中以豔情喻禪的傾向。禪僧將豔情引入禪中，使禪宗詩歌增添了香韻繚繞的風致。

其二，能所俱泯的直覺境。禪意的感悟，不分能觀、所觀，花事歸花，菊事歸菊，當你觀察一朵花，凝視一朵菊時，你會一直走到花、菊的裡面，與之合而為一，用花的感覺來看花，用菊的心情來賞菊，而不是用人的意識來看花賞菊，由此形成了能所俱泯的直覺境。對此禪宗以「雁過長空，影沉寒水。雁無遺蹤之意，水無留影之心」來表示。在水月相忘的直覺觀照中，雙方互為觀照的主體，都具有空靈澄明的質性，無心而澄澈，沒有情感的黏著膠葛。禪宗詩歌，以清新美麗的意象，生動直觀地表達了這種悟境。在禪宗詩歌中，能觀與所觀，「如淨琉璃含寶月」，純明澄澈。禪者突破了生死牢關，別具雍容灑脫的襟懷，用這種襟懷直覺地觀照世間萬物，即可在世俗看來情纏欲縛、黏著膠固的萬物關係中，保持去來任運、自在無拘的平常心，如竹影掃拂時的階塵，安恬不動；似月輪照映時的海水，澄澈無痕。

其三，涵容互攝的圓融境。禪宗詩歌的圓融境主要由理事圓融和事事圓融兩大部分組成。石頭《參同契》倡理事「迴互」之說，曇晟《寶鏡三昧》倡「明暗交參」之說。曹洞宗禪詩，遠紹華嚴宗理事無礙思想，近承《參同契》、《寶鏡三昧》，形成了一套完整嚴密的體系，這個體系由相對立的兩大類意象組成，一是本體意象群，一是事相意象群。曹洞宗的各種五位，都是上述兩大類意象不同的迴互關係。差別平等，各住自位，是《華嚴經》等大乘經典的要旨，也是禪宗詩歌所表現的境界。按照華嚴宗旨，本體由現象呈現，現象與現象之間均為本體之呈現，因而可以相互呈現，故不必於現象界之外尋求超現象的世界，不必離現象求本體，離個別求一般。這就打通了眾生與佛、現象與本體、個別與一般的隔絕，而達到圓融無礙。禪宗詩歌將事事無礙的精髓表達得淋漓盡致，生動地描繪了萬象森羅的大千世界中，有情與無情、個體與族類、高峻與深幽、光明與黑暗，都是同時具足相應的緣起大法，縱橫交錯，珠珠相含，影影相攝，呈顯出一真法界的莊嚴絢爛，它們互為緣起，又各住自位，展示著統一和諧而又千奇百狀的生命樣態。

其四，隨緣任運的日用境。禪宗主張從凡境切入，認為淺近的凡境是建立禪悟生命的基礎，「一大藏教，不出個鴉鳴鵲噪；九經諸史，不出個之乎者也」，「全心即佛，全佛即人」。南宗禪主張饑來吃飯睏來眠，平常心是道，於是，禪就體現在擔水、劈柴、飲茶、種地這些日用之中。在開田下種、吃飯睡覺之間，千萬境界在眼前心上流走幻滅，雲去天無影，船過水無痕。「無事是貴人」是臨濟禪的主要思想之一，並成為臨濟宗禪髓詩表現的重點，其要點即是隨緣任運。對隨緣任運的境界，禪宗詩歌通過饑餐睏眠的隱士、自得其樂的漁人、快樂無憂的牧童來表現。禪宗詩歌對山居生活的描寫，充滿著詩情畫意。「竹筧二三升野水，松窗七五片閒雲」，山居景色，悠閒恬適，可以長養道心；「三個柴頭品字煨，不用援毫文彩露」，山居物事，樸實無華，洋溢著高情遠韻；「生涯三事衲，故舊一枝藤。乞食隨緣去，逢山任意登」，山居風物，淳和質樸，絕去機心。日常生活，經由詩意的點染，遂充滿著禪趣。禪宗詩歌表徵著脫落情塵意垢後、時時處處都能感受到澄明本心的悟境：「春有百花秋有月，夏有涼風冬有雪。若無閒事掛心頭，便是人間好時節。」

第十，名僧禪詩賞析。本章對禪宗史上的一些重要禪詩進行探討。設立本章，或是因為有些作者不便歸入五家七宗中的某一類，如王梵志、寒山子；或是因為篇幅較大，因而單獨分列出來，如《十牛圖頌》。

必須強調的是，禪宗詩歌的終極關懷，是明心見性。禪宗所有公案、機鋒、詩偈，都指向本心自性，即「本來面目」。「本來面目」是清純無染的自性，是禪宗的出發點、目的地。禪宗認為，由於相對意識的生起，障蔽了「本來面目」。因此，必須運用不二法門，將相對意識揚棄，才能重現「本來面目」。徹見「本來面目」，就能獲得主客、自他、生死、長短、小大、色空等圓融一如的禪悟體驗，走向與「本來面目」同一的樂園中，用審美的態度詩意地棲居於世界。明乎此點，欣賞禪宗詩歌便可收提綱挈領之效。

鑑於經典禪詩的特殊性，筆者在撰寫本書時遵循以下原則：

一、從對禪宗宗風的體證與理解出發。禪宗一花開五葉，各自有其側重的宗風特點、接機手法、詩歌表現。因此，聯繫五家七宗的宗風來探討禪詩，可以從較深層次把握禪詩的內涵與特色。

二、從對禪宗哲學的體證與理解出發。在充分理解禪宗哲學象徵體系的基礎上論析禪詩，具有高屋建瓴的效果。

三、從對佛典與禪思之聯繫的體證與理解出發。禪宗詩歌有一部分是自鑄新辭，有一部分則是沿用了大乘佛教經典中的意象，因此在論析經典禪詩時，了解禪宗思想受佛教經典的影響，就顯得非常重要。本書在這方面給予了應有的注意。

四、從對禪本義的體證與理解出發。本書論析禪宗詩歌所使用的批評術語，相當部分採用了禪宗的規範性表述。禪宗在表述「不可說」的禪時，運用了獨特的語句。借用這些表述，在探討禪宗詩歌的同時可以儘量保持其原真性，不破壞禪宗語境，站在比較「客觀」的立場，盡可能以禪說禪，避免與描述「對象」的疏遠與隔膜。唯其如此，才有可能最大程度地「融入」描述「對象」之中。本書常用的術語有：「涵蓋乾坤」、「返本還源」、「歸家穩坐」；「聖凡一如」、「即凡即聖」、「淨染不二」、「真妄一體」、「一超直入」、「啐啄同時」、「能所俱泯」、「截斷兩頭」、「截斷眾流」、「聲色俱泯」、「回歸人位」；「一切現成」、「本來現成」、「觸目菩提」、「般若無知」、「無心是道」、「水月相忘」、「珠光交映」、「涵容互攝」、「圓融互攝」、「體用圓融」、「相即自在」、「直覺意象」、「現量呈顯」、「隨緣任運」、「日用是道」、「無事是貴人」、「無位真人」、「無依道人」、「隨波逐浪」、「立處皆真」等等。

禪宗詩歌有數萬首之多，是一筆相當豐厚的文化遺存。但對它的探討，迄今還遠遠不夠，因此筆者不揣譾陋，做了嘗試性的工作。由於禪宗的全盛期在唐宋，因此，本書對宋代之後的禪宗詩歌暫時割愛。也就是說，在確定選擇的範圍時，充分考慮到所選詩作的經典性。由於筆者學力有限，而論述的對象又極其特殊，雖然為撰寫本書進行了相當艱辛的寫作，但離預期的目標還有較大的距離。我希望與更多的同好一起努力，使經典禪詩的探討走向深入。

經典禪詩

目次

自序

前分燈時代的禪詩 1

臨濟宗禪詩 29

溈仰宗禪詩 65

曹洞宗禪詩 75

雲門宗禪詩 107

法眼宗禪詩 125

楊岐宗禪詩 145

黃龍宗禪詩 173

禪宗詩歌的審美境界 205

名僧禪詩賞析 219

後記 265

前分燈時代的禪詩

在行住坐臥、語默動靜都可以參禪，

都不失安祥的心態。

用不離體，體自安然。

了脫生死之人，縱是利刃相加，毒藥也逼，

也襟懷坦蕩，意態安閒。

「吾本來茲土，傳法救迷情。一花開五葉，結果自然成。」

確實如達摩大師的這首傳法偈所說，自從達摩大師從印度來到這充滿大乘根器的震旦大地，經過輾轉相傳後，禪宗在中華大地上綻放出五朵絢麗的花，這就是溈仰宗、臨濟宗、曹洞宗、雲門宗、法眼宗，後來臨濟宗又派生出楊岐派、黃龍派。

五家七宗的禪詩創作，璀璨奪目，是本書的主要內容。本章所探討的，則是在五家七宗之前的幾首最重要的禪詩。

一、六祖慧能的「菩提本無樹」

慧能大師是中國禪宗的主要開創人，開創了「直指人心，見性成佛」的頓悟法門，使得禪宗在中華大地上結出豐碩的果實，成為中國佛教的主流。直至今日，還綿綿不絕。

慧能的最著名的禪詩是「菩提本無樹」，這首禪偈在中國流傳廣遠，婦孺皆知。而這首禪偈又是與神秀的禪偈聯繫在一起的：

身是菩提樹，心如明鏡臺。
時時勤拂拭，莫使有塵埃。

神秀是北宗禪的創始人。他將人的身心比做菩提樹與明鏡臺。人身本是佛身，心性也本來清淨。只是由於執著，生起了相對意識，以致於經常為塵垢所染。因此，要保持心的澄明清淨，就必須「時時勤拂拭，莫使有塵埃」，即通過堅韌不拔的修習，才能漸次領悟到佛理而成為佛。

神秀的詩偈，形象地濃縮了佛家修持過程的三個階段：戒、定、慧。這三個階段體現著佛教基本世界觀。「拂拭」，喻佛法修持的長期性和艱苦性。修持者必須不斷地拂拭心靈的塵垢，才能獲得澄明的覺悟之心。「塵埃」喻指世俗情念對佛性的侵害與干擾。在這首偈子中，神秀提醒修行者，必須長期地、不間斷地除惡、修心，漸漸地成就正果，這與南宗頓悟成佛的旨趣相去甚遠。

在神秀作偈的次日，慧能也針鋒相對作了一首：

菩提本無樹，明鏡亦非臺。
本來無一物，何處惹塵埃？

慧能指出，自古以來，人的本心本性，原本就是清淨無染的，原本就是不生不滅的，原本就具足了一切。只要覺悟到這一點，就可以立地成佛。

在這首偈子中，慧能大膽地簡化了佛教修持的繁瑣哲學，將修持者從過於繁瑣的智性思辨中解放出來。慧能為中國禪宗從理論上、方法上找到了一條超塵脫俗的捷徑，開創了一代宗風。

這兩首偈子是南宗的宣言書，成為南北分野最重要的代表作，也是禪宗以詩寓禪的起源。從此之後，中國禪僧們的創作漸漸多了起來，妙語似錦繡，千偈如翻水，禪宗詩歌蔚成風氣，形成了中國禪林詩苑的瑰美景觀。

二、永嘉大師的《證道歌》

永嘉玄覺是慧能的嫡傳弟子，雖然只在曹溪停留了「一宿」，卻是明心見性的覺悟者，所以有「一宿覺」的美稱。他的《證道歌》是禪門膾炙人口的佳作。它是禪宗詩歌的宏篇巨製，幾近三百行，一千八百七十六字，就篇幅來說，堪稱《全唐詩》之最。

《證道歌》，顧名思義，是明心見性的證悟者，所抒發的正知正見。永嘉玄覺為了避免後學解行錯謬，慈悲地標示出解脫的道路。它包蘊深厚，有佛教哲理，有禪悟體驗，有求道要訣。以下主要參考耕雲先生的《不二法門·證道歌淺釋》中的相關文字，作一簡釋。

君不見，
絕學無為閒道人，不除妄想不求真。
無明實性即佛性，幻化空身即法身。

摒絕世間俗學，離絕出世間聖解，不以有為法修持至道，無心合道的「閒道人」，無妄想可斷，無真理可求。當他徹見了本來面目之時，不但根塵情識皆是佛性，連這個虛幻不實的色身，也成了常住不壞的法身。正可謂「明與無明，其性不二；不二之性，是為實性。」

法身覺了無一物，本源自性天真佛。
五陰浮雲空去來，三毒水泡虛出沒。

當回歸於生命的本源，則除了澄明圓滿的本心之外，別無一物可得。這澄明圓滿的本心，就是本源自性，就是純真的佛性。障蔽本心的色、受、想、行、識五種陰霾，原本不有，當體是空。由五陰派生出的貪、嗔、癡三毒，也不過像緣生緣滅的水上泡沫一樣，雖有而不實，倏起倏滅。

證實相，無人法，剎那滅卻阿鼻業。
若將妄語誑眾生，自招拔舌塵沙劫。

徹見宇宙實相，頓斷無始無明，則我空法亦空。前塵往事，頓如夢覺；無間地獄，全成淨土。永嘉大師唯恐淺見者生疑不信，發下誓說：如果用虛假的言語來欺瞞眾生，等於自食無量劫數拔舌地獄的苦果。

頓覺了，如來禪，六度萬行體中圓。
夢裡明明有六趣，覺後空空無大千。

禪宗是「銷我億劫顛倒想，不歷僧祇獲法身」的頓悟法門。明心見性，頓悟本心，便是證得了「如來禪」，便圓滿地具備了六度萬行的河沙功德。「前塵緣影」，執著於虛幻的表象，如夢的人生就會輪迴於六道；一旦獲得了生命的覺醒，則大千世界，如漚生漚滅。

無罪福，無損益，寂滅性中莫問覓。
比來塵境未曾磨，今日分明須剖析。

徹見本源之時，身心世界尚不可得，更無罪福、損益可言。過去塵鏡沒有揩磨，被客塵煩惱所覆蓋，以致於不能煥顯其本有的光明。如今垢盡光現，鑑照分明，就不妨解剖分析，弄個清清楚楚了。

誰無念，誰無生？若實無生無不生。
喚取機關木人問，求佛施功早晚成。

誰能於內不起思念，對外不生感受？果真如此，則一切沒有生命的東西，也跟活的人一樣了。如果抑念求無念，便是沉空守寂的二乘；自閉求無生，乃是灰心滅智的外道。無生是就體上講，無不生是從相上講。真正的無生，能生起一切萬法。如果將無念無生片面理解一念不起，那麼不妨找個木頭人來問一問，看看它什麼時候能修成佛道。

放四大，莫把捉，寂滅性中隨飲啄。
諸行無常一切空，即是如來大圓覺。

空掉這個地、水、火、風四大假合的肉體，不要過於執著這具臭皮囊，且隨緣任運，饑餐睏眠。徹底明見諸行無常，一切皆空，便是生命的圓滿覺醒，也是佛的圓覺智慧。

決定說，表真乘，有人不肯任情征。
直截根源佛所印，摘葉尋枝我不能。

之所以斬釘截鐵地這樣明明白白地宣說，是為了彰顯最上一乘的真實法門。偏偏有一些焦芽敗種之人，不肯信受，以私心卜度聖智，對明心見性的頓悟法門，妄加評謗，肆意攻訐。殊不知直截了當地窮溯萬法根源，洞悉法界的實相，是佛所印證的。如果著相求法，捨本逐末，則是我不願做的事。

摩尼珠，人不識，如來藏裡親收得。
六般神用空不空，一顆圓光色非色。

珍貴的摩尼寶珠，雖然很多人都不知道，卻是實實在在收藏在如來藏的妙明真心裡的。六根解脫之時，發出神妙作用，彰顯真空不空。自性光明圓滿，非色非空，不生不滅。圓滿晶瑩，普照大千。

淨五眼，得五力，唯證乃知誰可測。
鏡裡看形見不難，水中捉月爭拈得。

明心見性之時，肉眼、天眼、法眼、慧眼、佛眼立得清淨，入眼無非佛性，由此證得信力、精進力、念力、定力、慧力這五種金剛力。這一切，唯有親證，才能知其三昧，僅靠常情是難以測度。見性之人，心如明鏡，無物不鑑；小智之徒，執著外物，如水中捉月，到底成空。

常獨行，常獨步，達者同遊涅槃路。
調古神清風自高，貌悴骨剛人不顧。

明見本心的禪者，我法二見已斷，理事二障已斷，雖行走在鬧市之中，也如入無人之境，宛如獨行獨步一樣，自在瀟灑地行走在心無起滅的涅槃大道上。悟者不離本源，格調高古，不近權勢，風致高華。而世俗以貌取人，對那些面色憔悴，個性耿直的達者開士，也不願多看一眼。

窮釋子，口稱貧，實是身貧道不貧。
貧則身常披縷褐，道即心藏無價珍。

佛家弟子，言必稱「貧僧」，這是由於他們追求至道，而從來不計較物質的生活。他們雖然經常披著破爛的短襖，心中卻藏有自性的無價珍寶。

無價珍，用無盡，利物應時終不吝。
三身四智體中圓，八解六通心地印。

無價的自性珍寶，具有無量、無際功德、妙用，利益有情，接引有緣，永遠都不會匱乏，不會吝惜。六祖說，「三身者，清淨法身，汝之性也；圓滿報身，汝之智也；千百億化身，汝之行也。」四智是成所作智、妙觀察智、平等性智、大圓鏡智。見性成佛後，八識融歸佛性，皆得解脫，故曰「八解」。六通即是天眼、天耳、他心、宿命、神足、漏盡等六種神通，它們都不離人的一念真心。

上士一決一切了，中下多聞多不信。
但自懷中解垢衣，誰能向外誇精進。

具有大根器的人，能一了百了。而「中士、下士聞道，大笑之」，聽得愈多，疑惑愈重，於明心見性，毫無裨益。只要從自身解除因業障而形成的垢衣，才能使珍貴的寶珠顯現。起心精進，即落有為，更何況向外自誇精進，更是於見道無補了。

從他謗，任他非，把火燒天徒自疲。
我聞恰似飲甘露，銷融頓入不思議。

自性真空，不受薰染，一任他人誹謗、非難，無損正法絲毫。就好像癡人架火燒天，自取疲累，徒然勞苦而已。見性之人對待毀譽與誹謗、恩恩與怨怨、醍醐與毒藥，都如同啜飲清醇的甘露，一一融歸於不思議的圓覺性海。

觀惡言，是功德，此則成吾善知識。
不因訕謗起怨親，何表無生慈忍力。

惡言無自性，無明所變現，並不真實。何況平等法中，一切聲音悉皆平等。倘若生起分別念，便是徒增煩惱。能勘破惡緣，當下便是善知識。見性之人，安住無生法忍，八風不動，怨親平等，唯顯無緣大慈，同體大悲。不能因為是訕謗，便對它生起冤親的態度。一切皆處於平等法中，無冤親的分野，表現為同體大悲，就是慈忍力。

宗亦通，說亦通，定慧圓明不滯空。
非但我今獨達了，河沙諸佛體皆同。

通曉祖師機法，精通佛教義理，由定發慧，定慧等持，就不會沉空守寂。明心見性，非我獨能，一切眾生都不例外。恒河沙數的諸佛，與眾生的自性本來平等無二。

師子吼，無畏說，百獸聞之皆腦裂。

香象奔波失卻威，天龍寂聽生欣悅。

宣揚佛法，如同雄獅哮吼，百獸懾服。香象（二乘及未登地的菩薩）聽了最上乘法，平素的自恃與傲慢頓時冰消瓦解；天龍（登地菩薩）聽了這最上乘法，印證自己內證境界，無比親切，格外溫馨。

遊江海，涉山川，尋師訪道為參禪。
自從認得曹溪路，了知生死不相干。

古德大事未明，不辭辛勞，走遍千山萬水，磨破芒鞋布衲，只為尋求明眼宗師，通過參禪了卻大事。信受了曹溪六祖禪法之後，生死遂不再干懷縈慮。

行亦禪，坐亦禪，語默動靜體安然。
縱遇鋒刀常坦坦，假饒毒藥也閒閒。
我師得見然燈佛，多劫曾為忍辱仙。

在行住坐臥、語默動靜中都可以參禪，都不失安詳的心態。用不離體，體自安然。了脫生死之人，縱是利刃相加，毒藥相逼，也襟懷坦蕩，意態安閒。本師釋迦牟尼，因地以優缽羅花供養燃燈佛，並布髮掩泥供燃燈佛行過，得以受記成佛。他多劫以前也曾修過忍辱般若波羅蜜。

幾回生，幾回死，生死悠悠無定止。
自從頓悟了無生，於諸榮辱何憂喜。

一切眾生，皆有生死，這種生死是分段生死，即永恆生命的分段現象，此一段是生，彼一段是死。人的一生被這個分段生死現象所支配，不能自作主宰。如果頓悟自性不生不滅，不增不減，不垢不淨，對榮辱就不會有憂喜之念了。

入深山，住蘭若，岑崟幽邃長松下。
優遊靜坐野僧家，闃寂安居實瀟灑。

見性之人，在深山密林修築蘭若，於水邊林下長養聖胎。山居生活無羈無絆，如野鶴閒雲，隨緣任運。比起奔走市朝的人們，自然瀟灑寫意。

覺即了，不施功，一切有為法不同。
住相佈施生天福，猶如仰箭射虛空。

一旦覺悟，即是大事了畢，不再施功落於有為法，而各種有為的修持方法則異於此。為求福報而行布施，雖然得到生天的福報，就像朝向天空射出的那支箭，是不可能長時停留的。

勢力盡，箭還墜，招得來生不如意。

爭似無為實相門，一超直入如來地。

射向虛空的箭，力量一盡，就會很快地掉下來。福報盡了，照樣會降生到人間，生起種種無奈。怎比得上運用無為實相的法門，一旦頓悟超脫，便直入如來的境界。

但得本，莫愁末，如淨琉璃含寶月。
既能解此如意珠，自利利他終不竭。

只要證悟了真如本體，則種種方便不過是細枝末節，不求而得。此時心垢淨除，心月朗現，如同光潔的琉璃映著皎月一樣。自性的無盡寶藏，是幸福的泉源，有無窮妙用，自利利人，永不枯竭。

江月照，松風吹，永夜清宵何所為。
佛性戒珠心地印，霧露雲霞體上衣。

江月在空中照耀，清風在松林中吹拂，長夜清宵，無為而無不為，清淨而瀟灑。自性的光明寶珠，輝耀著心田。霧露雲霞，宛如修行者身上飄逸的衣裾。

降龍鉢，解虎錫，兩鈷金環鳴歷歷。
不是標形虛事持，如來寶杖親蹤跡。

持降龍缽、解虎錫，並非只是一種禪門威儀，而是象徵著降三毒、統真俗、解諸厄。持杖在手，如同追尋著佛祖的足跡。

不求真，不斷妄，了知二法空無相。
無相無空無不空，即是如來真實相。

真妄二法，本無相狀。如棄真求妄，斷煩惱，求菩提，證的不過是有為涅槃，不契圓頓法門。若徹見本來面目，便會洞知真妄二法，了不可得。無相是無空無不空，是如來的真實相。真與妄是相對待的名詞，真妄兩法本無相狀，執真斷妄都是偏執。

心鏡明，鑑無礙，廓然瑩徹周沙界。
萬象森羅影現中，一顆圓明非內外。

明心見性，心如明鏡，晶瑩剔透，照遍整個塵沙世界。森羅變幻的世態萬象均影現其中，一顆晶亮的心珠總是無內無外。

豁達空，撥因果，漭漭蕩蕩招殃禍。
棄有著空病亦然，還如避溺而投火。

自以為對空明豁，對因果不予重視，就會招致滔天的罪禍。棄有著空，如同逃避溺水而投入火坑一樣。

捨妄心，取真理，取捨之心成巧偽。
學人不了用修行，真成認賊將為子。

取捨即是分別，分別即背自性。對真理不能用取捨之心，否則即不能證悟。一般人認為自性可以通過修行獲得，有能修，有所修，這是大錯特錯。如果認為能修者是心，所修者是功德，就成了認賊為子。

損法財，滅功德，莫不由斯心意識。
是以禪門了卻心，頓入無生知見力。

損壞自性法財，毀滅法身功德，就是由於這種分別心的心意認所起的作用。因此禪門要了卻這種分別心，頓悟而進入無生知見力。

大丈夫，秉慧劍，般若鋒兮金剛焰。
非但能摧外道心，早曾落卻天魔膽。

開悟的禪者，秉持光芒四射的慧劍，以般若為鋒，發出金剛焰的光芒。不但能摧毀外道的邪知邪見，並且早就讓天魔喪膽落魄。

震法雷，擊法鼓，布慈雲兮灑甘露。

龍象蹴踏潤無邊，三乘五性皆惺悟。

宣說最上一乘法，如同雷震、鼓擊，震聾發聵。但它對眾生來說，卻如同慈雲遍布，甘霖遍灑，如同龍象徜徉在宇宙間，普遍地給人以利益，使小、中、大三乘，定性聲聞、定性緣覺、定性菩薩、不定性及無性者，都獲得正見、正覺。

雪山肥膩更無雜，純出醍醐我常納。
一性圓通一切性，一法遍含一切法。

肥膩是生長在雪山的一種草，傳說雪山只生此草而不生其他的雜草，喻大乘佛法的無上純正。用這種聖草餵養定慧的白牛，所產的乳汁便是如同醍醐般的珍品。「一即一切，一切即一。」一是理、本體、佛，一切是殊相、是用、是眾生。

一月普現一切水，一切水月一月攝。
諸佛法身入我性，我性還共如來合。

一月普遍地在一切水中顯現出來，一切水中的月亮乃是一月的顯現。法身即自性，眾生自性與佛性同一體性。

一地具足一切地，非色非心非行業。
彈指圓成八萬門，剎那滅卻阿鼻業。

一切數句非數句，與吾靈覺何交涉。

一地具足一切地，一個階位具足了一切階位，它不是色，不是心，也不是修行的結果。明心見性的剎那，彈指之間就圓滿了八萬四千總持法門，剎那之間，打破無明，而滅卻了地獄的罪業。得魚亡筌，一切數句都沒有什麼意義。因為它與我的靈明覺性毫無交涉。

不可毀，不可讚，體若虛空勿涯岸。

不離當處常湛然，覓則知君不可見。

禪超越了詆毀與讚譽，它的本體涵蓋虛空，無涯岸，無限量。它當下即是，但覓即轉遠。如果起心去尋覓，則已經不可見了。

取不得，捨不得，不可得中只麼得。

默時說，說時默，大施門開無壅塞。

禪超出取捨，在超出取捨的不可得中，才能得到真正的禪。它有時不發一言，卻如雷震耳，有時潮音大震，卻寂靜無言。六祖之後，禪門大開，一花五葉，出現了空前的繁榮。

有人問我解何宗，報道摩訶般若力。

或是或非人不識，逆行順行天莫測。
吾早曾經多劫修，不是等閒相誑惑。

如果有人問我懂得哪一個宗派的法門，我會告訴他，我所修持的，乃是摩訶般若的解脫力。由於它是根本智，迥超是非情識，所以一般的人很難把握。這些頓悟的道理，是多劫修持而證得的，不是隨便講出來誑惑人的。

建法幢，立宗旨，明明佛敕曹溪是。
第一迦葉首傳燈，二十八代西天記。

真正的中國禪宗的歷史，是曹溪六祖慧能所開啟，建立了最上一乘的法幢，樹立起以心傳心、見性成佛的宗旨。但禪宗最早的傳燈，卻始於靈山會上。世尊拈花，迦葉微笑，就這樣一直傳給了第二十八代傳人達摩。

法東流，入此土，菩提達摩為初祖。
六代傳衣天下聞，後人得道無窮數。

達摩大師來到中國弘法，被立為東土禪宗初祖。達摩傳慧可，慧可傳僧璨，僧璨傳道信，道信傳弘忍，弘忍傳慧能。六祖之後，得道者眾，簡直不勝窮數。

真不立，妄本空，有無俱遣不空空。
二十空門元不著，一性如來體自同。

真理不是立與不立的問題，它原本就存在；虛妄更是緣生，本來是空。有和無，都應該揚棄的邊見。二十種空諸業障的法門，是為隨緣說法的方便法門，開悟之後，不必執著認為是實法，因為眾生與佛本來具有著同一的性體。

心是根，法是塵，兩種猶如鏡上痕。
痕垢盡除光始現，心法雙亡性即真。

眼耳鼻舌身意六根，被色聲香味觸法六塵所包圍，兩者的關係，也好像鏡上的影痕。只有除去痕垢，才能使本心的光明顯現出來。要使心法雙亡，自性才能熠熠生輝。

嗟末法，惡時世，眾生福薄難調製。
去聖遠兮邪見深，魔強法弱多怨害。
聞說如來頓教門，恨不滅除令瓦碎。

堪歎末法時代，人心日下，眾生福報微薄，難於調製他們的身心。距離佛陀涅槃時代已經很遠了，出現了正法衰弱、邪見日深的現象。他們聞說大乘佛法，不但不棄邪歸正，反而盡中傷破壞之能事，必欲使之瓦碎而後快。

作在心，殃在身，不須怨訴更尤人。
欲得不招無間業，莫謗如來正法輪。

心作惡業，身受殃報，這是鐵定的因果律，不必再怨天尤人。要想不招致無間斷的罪業，就不能毀謗如來正法的運轉。

旃檀林，無雜樹，鬱密深沉師子住。
境靜林閒獨自遊，走獸飛禽皆遠去。

上乘道場，猶如旃檀樹林，沒有雜樹。在這深幽的叢林之中，住著自由灑脫、氣度威雄的悟道者。這是獨立自由的境界。

獅子兒，眾隨後，三歲即能大哮吼。
若是野干逐法王，百年妖怪虛開口。

禪門宗匠的龍象法子，年輕時就能作獅子吼，威懾百獸。若是那些頑劣的野干（野狐）想驅逐獅子，是根本辦不到的。那些根器不正之人，若要想偽裝成善知識，污染清淨禪門，還是免開尊口的好。

圓頓教，勿人情，有疑不決直須爭。
不是山僧逞人我，修行恐落斷常坑。

圓頓覺悟的法門，不講人情，如果有疑難不決之處，就要徹底弄明白。這不是我逞強好勝，而是深怕修持者落於偏執，求悟轉迷，落入斷常的陷阱。

非不非，是不是，差之毫釐失千里。
是即龍女頓成佛，非即善星生陷墜。

不以非為非，不以是為是，則是非不明，大損正見。不求本源，只在概念上作遊戲，只會徒增無明，差之毫釐，失之千里。龍女獻珠，頓成佛道；善星比丘，雖然誦得佛經，卻對之妄加揣測，自以為是，反而成了毀謗佛法，墮於惡道。

吾早年來積學問，亦曾討疏尋經論。
分別名相不知休，入海算沙徒自困。

我早年也曾積累學問，專一從注疏中探討經典的本義。分析辨別佛經的專用名詞，而不知道休息，而忽視了內心的體證，就像到海邊數那無數的沙粒，徒招疲憊，毫無收穫可言。

卻被如來苦訶責，數他珍寶有何益。
從來蹭蹬覺虛行，多年枉作風塵客。

像這樣向外求道，如同數別人的珍寶，對見性無絲毫的裨益，自然受到了如來的呵責。至此才明白多年來起心外覓，經過無數坎坷，碌碌風塵，未曾一日當家作主。

種性邪，錯知解，不達如來圓頓制。
二乘精進沒道心，外道聰明無智慧。

種性褊狹，知解背謬，南轅北轍，離最上乘法越來越遠。小乘守寂，中乘沉空，雖然苦修精進，終不能證得至道；外道雖然聰明，但是沒有智慧，也不能究明實相。

亦愚癡，亦小騃，空拳指上生實解。
執指為月枉施功，根境法中虛捏怪。

二乘和外道，愚昧癡呆，如認為空拳中真的有實物。將指月的指，認成月亮，枉施功夫，在六根對境所產生的虛幻景象中兜圈子。

不見一法即如來，方得名為觀自在。
了即業障本來空，未了還須償宿債。

達到不見一法的境界，即是如來，即是觀自在。徹底解脫，業障本空。如果沒有明心見性，則事相宛然，業障不虛，仍然要償還夙債，輪迴受報。

饑逢王膳不能餐，病遇醫王爭得瘥。

在欲行禪知見力，火中生蓮終不壞。

勇施犯重悟無生，早時成佛於今在。

饑餓了遇到精美的膳食卻不敢餐用，生病時遇高明的醫生卻遲疑不決，豈不坐失良機？明心見性的禪者，能夠在五欲之中修行禪法，保持知見力，如同火焰中綻放的蓮花，潔淨之性永遠不受污染。古印度有勇施比丘，犯了四種根本大罪，欲借懺悔來消除罪垢，後來遇到尊者開示，發現罪性不可得，得以徹見自性。

師子吼，無畏說，深嗟懵懂頑皮靼。

只知犯重障菩提，不見如來開秘訣。

對於那些如同裹著牛皮一樣的愚頑不化者，我會像獅子般大吼一聲，促其猛醒：你們已經犯了很大的過失，業障深重不能覺悟，為什麼看不見如來教示的明心見性的秘訣。

有二比丘犯淫殺，波離螢光增罪結。

維摩大士頓除疑，還同赫日銷霜雪。

古時印度有兩位比丘，犯了淫殺之罪，找到優波離尊者請懺悔，尊者用小乘法替他們解脫罪結，結果他們的心理負擔更重。維摩大士知道後，呵責尊者不應加重他們的罪結，應該直接替他們解除，並開示道：不要讓心停留在任何事物和念頭上，這才是真正明瞭戒律。兩位比丘當下疑悔頓消，如赫日融雪。

不思議，解脫力，此即成吾善知識。
四事供養敢辭勞，萬兩黃金亦銷得。
粉骨碎身未足酬，一句了然超百億。

禪的妙用，不可思議，具足恒河沙數的解脫力。修行者對法身父母恩大難酬，衣服、臥具、飲食、醫藥等供養，自當不辭勞苦竭力操辦。即使是萬兩黃金，師父也消受得起。縱是粉身碎骨也難以報答，因為師父的開示，一言之下能使人超越劫數而得解脫自由。

法中王，最高勝，河沙如來同共證。
我今解此如意珠，信受之者皆相應。

禪是法中之王，是最上法門。恆河沙數的諸佛，都以此法門證得無上正覺。我今天剖示了這顆如意寶珠，只要能信受，就能達到與本來面目相應的效果。

了了見，無一物。亦無人，亦無佛。

大千世界海中漚，一切聖賢如電拂。
假使鐵輪頂上旋，定慧圓明終不失。

原本的實相，無一物，無一人，無一佛。大千世界如海中一粒浮漚，一切聖賢也像閃電似的一拂而過。明心見性之人，生死不能移。縱使是鐵輪在頭頂上旋轉，危在剎那，這顆定慧圓明的心，始終不會改變。

日可冷，月可熱，眾魔不能壞真說。
象駕崢嶸謾進途，誰見螳螂能拒轍。

即使太陽變冷、月亮變熱這種不可能的事情發生，眾魔還是不能破壞上乘佛法。大乘佛法如同大象駕車，步履穩健地行進在光明大道上。外道謗佛者，好比螳臂擋車，只能落個自取滅亡的下場。

大象不遊於兔徑，大悟不拘於小節。
莫將管見謗蒼蒼，未了吾今為君決。

大象不屑於走狐兔出沒的小徑，大乘法門不同於中小法門。大徹大悟者，不拘於小是小非。切莫以世俗、外道的偏見來看待最上乘佛法，那樣做無異於以管窺天。我如今已經將禪道全盤托出，若未曾了悟，且讓我來襄助。

永嘉大師的《證道歌》，將修證悟入的禪理，用三七言雜糅的樂府體調形式吟詠出來，形象精警，筆勢流宕，語意高峻，波瀾迭起，具有深厚、強烈的佛學思辨力、禪學感悟力和藝術感染力。此詩文情並茂，廣為傳誦，深為宗門所重。歌中不少名句已成了後世禪者的口頭禪，如「絕學無為」、「行亦禪，坐亦禪，語默動靜體安然」，「一月普現一切水，一切水月一月攝」，「不離當處常湛然，覓即知君不可見」等琅琅上口的佳句，常被禪師們引用來證道、教示。其文采斐然，迴腸盪氣，餘味無窮，堪稱禪詩之最。它是以禪寓道的精品，是禪詩中的極品，更是中國佛教文學的瑰寶。

臨濟宗禪詩

佛教認為，俗世的一切都是顛倒和虛妄的，

任何對自我和外境的執著，

都與佛教的基本原理和最終目的相違背。

主觀、客觀都無真實性，

應該超越主客，了悟絕對的本原心性。

禪宗一花五葉，葉葉不同，五家七宗，各有各的宗風，即綱宗。為了表達綱宗，禪宗各家都創作了數量可觀的綱宗詩。臨濟宗的綱宗詩很有特色，這裡舉出「四喝」、「四照用」為例。

一、四　喝

臨濟以「喝」接引徒眾，聳動禪林。臨濟曾謂：「有時一喝如金剛王寶劍，有時一喝如踞地金毛師子，有時一喝如探竿影草，有時一喝不作一喝用。」(《臨濟錄》)《人天眼目》卷1載善昭頌，闡發四喝之旨尤為顯明：

金剛寶劍最威雄，一喝能摧萬仞峰。
遍界乾坤皆失色，須彌倒卓半空中。

金毛踞地眾威全，一喝能令喪膽魂。
岳頂峰高人不見，猿啼白晝又黃昏。

詞鋒探草辨當人，一喝須知偽與真。
大海淵澄涵萬象，休將牛跡比功深。

一喝當陽勢自張，諸方真有好商量。
盈衢溢路歌謠者，古往今來不變常。

金剛寶劍，銳利無比，指山山崩，指海海竭。一個高明的師家，如果看到學人纏腳縛手，膠著在語言意識的葛藤中，不能平定紛亂的心念，就用這種大喝，將他的多頭意識當頭截斷。此時學人只要有一絲一毫的分別心，都會在一喝之下喪身失命。此時乾坤失色，日月無光，縱使你的迷惑大如須彌，也倒卓在半空，粉碎無餘。

威風凜凜風的獅子，不死守在窟穴中，不枯守在一個固定的地方，不慣用一個固定的套路。在牠撲殺獵物時，牠的腳牢牢地蹲踞在大地上，以便使出全身的力氣，作出那致命的一擊！這獅子蹲踞在高處，顧盼生雄，具有森林之王的氣度。當牠震威哮吼之時，百獸肝腦俱裂，魂飛魄喪。牠像香象般截流而過，沒有任何力量可以阻止牠的前進。當學人聽聞了師家雄獅般哮吼的大喝時，威光盡失，如同哀猿般發出肝腸寸斷的啼鳴。

探竿、影草都是漁人的工具。探竿是將鵜羽綁在竿頭，探到水中，誘引群魚聚到一起，然後用魚網將魚撈起來；影草，是割草浸在水裡，等群魚聚在牠的下面躲蔭涼時，用網將魚撈起來。師家為了勘驗學人的修行程度，或者是學人探測師家的水平時，所使用的手段就是探竿影草，是勘驗式的大喝。師家通過這一喝，可以測驗出學人深淺明暗的工夫，看看他有無師承，有見識還是無見識。

「一喝不作一喝用」。此喝最不著痕跡，雖然不在前三喝之中，卻能將前三喝收攝無餘。千變萬化，不可端倪！

二、四料簡

「四料簡」是臨濟導引學人悟入的四種方法，即「奪人不奪境」、「奪境不奪人」、「人境俱奪」、「人境俱不奪」。「人」指主觀存在，「境」指客觀存在。「奪」意為遣除，指運用禪機消除人、境等對象的實有性。奪與不奪，根據對象的實際情況而定。臨濟創立「四料簡」的目的，是為了破除對我（支配人與事物的內部主宰者）、法（泛指一切事物和現象）二者的執著。臨濟指出，一個勝任的導師，必須掌握這四種接機示教的方式：

> （克符道者）初問臨濟：「如何是奪人不奪境？」濟曰：「煦日發生鋪地錦，嬰兒垂髮白如絲。」師曰：「如何是奪境不奪人？」濟曰：「王令已行天下遍，將軍塞外絕煙塵。」師曰：「如何是人境俱奪？」濟曰：「并汾絕信，獨處一方。」師曰：「如何是人境俱不奪？」濟曰：「王登寶殿，野老謳歌。」（《五燈會元》卷11〈紙衣〉）

「奪人不奪境」的境界，如同春天的太陽，照映萬物，生機蓬勃。而衰老的「我」不過是因緣和合的假相，並沒有真實性。世人執著於「我」，以為是有主宰的、實在的自體，便會產生種種謬誤和煩惱。因此針對我執深重的人，必須破除其

以我為實有的觀念。《五燈會元》卷11〈紙衣〉載臨濟法嗣克符頌四料簡云:

奪人不奪境,緣自帶誵訛。
擬欲求玄旨,思量反責麼。
驪珠光燦爛,蟾桂影婆娑。
覿面無差互,還應滯網羅。

「奪人不奪境」,「煦日發生鋪地錦」,是境;「嬰兒垂髮白如絲」,是人。臨濟的兩句答語,一句存境,一句奪人。四料簡中,唯有「人境俱不奪」方是徹悟之境,此前皆為方便權宜,從徹悟的立場看,都是錯誤,因此「奪人不奪境」這句話本身就有毛病,心境本來空,何有奪與不奪之分?「擬欲求玄旨,思量反責麼。」對真如本體,不可思量擬議。一起心動念,著意追求,就錯過了明明白白呈現在眼前的本體。「驪珠光燦爛,蟾桂影婆娑。」說本體像珍貴的驪龍頷下的寶珠,也像有蟾蜍桂樹的月亮一樣,發出燦爛的光明。兩句是這首詩的詩眼所在,象徵本體通過境象覿面相呈,是「不奪境」的形象表述。「覿面無差互,還應滯網羅。」意為應當不經任何思量、分別地直下體會呈顯在眼前的本體,而不可尋思、計較,落於語言、意識的羅網之中。參禪者見物知心,循相證性,珠光、桂影皆為入道之機。本應「無差互」,當下契入。但未悟之人,我執未破,心隨境轉,想通過擬議思量的途徑來趨近本體,這就墜陷到語言、意識的羅網之中，而不得自由。

「奪境不奪人」，是針對法執深重的人，破除以法為實有的觀念。如果誰以客觀存在為重，導致自性泯沒，師家就要設法使他超越，以重現本心。世間的一切事物和現象都是法。一切法都沒有實體性，處於剎那生滅變化之中。世人執著於「法」，對之虛妄分別，必然會妨礙對真如的悟解和體驗。「奪境不奪人」時，自性本心，清明自在，代表主體的君王政令通行，四夷臣伏，烽煙不起。客體的「境」在四海清平、烽煙不起的狀況下，已經不發生任何作用了。

奪境不奪人，尋言何處真。
問禪禪是妄，究理理非親。
日照寒光澹，山搖翠色新。
直饒玄會得，也是眼中塵。

「奪境不奪人」，指對於我執輕而法執重的人，先奪其境。境有兩意：一是思想意念之境，一是自然物象之境。雖然語言可以顯示大道，但尋言逐句，著相求法，無異見指忘月，逐妄捨真，又怎能入道證真。詩的前四句謂法執重者，問禪，禪是名言，本無實義；究理，理非究竟，乖離自性。因此師家奪其思慮之境；後四句謂參禪者縱使能從「日照寒光澹，山搖翠色新」的色界中，悟得色即是空的真諦，也是眼中塵沙，不是徹底的開悟。「日照寒光澹，山搖翠色新」二句是外境,「直饒玄會得,也是眼中塵」兩句陡地轉折,說縱使對它們有玄妙的理解、體會,也是眼中的塵屑,將前兩句所呈顯的境象一掃而空。

「人境兩俱奪」,是針對我執和法執都很重的人,破除其「我」、「法」二執。佛教認為,俗世的一切都是顛倒和虛妄的,任何對自我和外境的執著,都與佛教的基本原理和最終目的相違背。主觀、客觀都無真實性,應該超越主客,了悟絕對的本原心性。此時,代表主體的君王政令不行,并州、汾州的地方勢力如藩鎮等各自為政,主客之間,不通消息,「人」、「境」雙泯。

人境兩俱奪,從來正令行。
不論佛與祖,那說聖凡情。
擬犯吹毛劍,還如值木盲。
進前求妙會,特地斬精靈。

「人境兩俱奪,從來正令行。」將我執法執悉皆奪去。我法雙遣,佛祖正令遂得以施行。「不論佛與祖」,既證悟自性,則無佛可成,無佛之名號可立。「那說聖凡情」,未悟時說聖說凡,落於情識意想,既悟之後,則凡聖皆空。「擬犯吹毛劍,還如值木盲。」證悟之時,一切妄想都是對般若的觸犯。此時的學人,如同恰好逢遇到木孔的盲龜,如果一味死死抱住佛法不放,同樣會在吹毛劍下喪身失命。「進前求妙會,特地斬精靈。」如果再進一步尋求玄妙的解會，賣弄情纏意鎖的神識，就更會被般若利刃一揮兩斷了。正如大慧宗杲所說：「正令既行，不留佛祖，到這裡進之退之，性命都在師家手裡，如吹毛劍不可犯其鋒。」（《大慧錄》卷16）

「人境俱不奪」，對於人我、法我都無執著的人，二者都不須破除。主體、客體，各各依位而列。此時，代表主體的帝王垂拱而治，野老豐衣足食，飽享承平之樂，故爾歌功頌德。

人境俱不奪，思量意不偏。
主賓言不異，問答理俱全。
踏破澄潭月，穿開碧落天。
不能明妙用，淪溺在無緣。

「人境俱不奪，思量意不偏。」禪者明心見性之後，必須從悟境中轉身而出，度化世人。揚眉瞬目，思量意識，都從脫落煩惱的自性中流出，所以不會落於色界偏位。「主賓言不異，問答理俱全。」此時無凡無聖，無主無賓，問在答中，答在問中。言談寂默，行住坐臥，神通妙用，都不出自性。後四句說明由聖入凡，生起妙用。「『澄潭月』、『碧落天』，代表靈明的空境。禪家明心見性以後，必須由空境轉身而出，才能證入色空不二的妙有境界，方便隨緣，度世利生，故言『踏破澄潭月，穿開碧落天』。否則，沉空滯寂，禁錮菩提，不能明體起用，佛家稱為燒焦的穀芽敗壞了的種子，了無生機，追溯原因，不外大法未明，墮入偏空，不能隨緣涉世，普度眾生，故言：『不能明妙用，淪溺在無緣。』❶

克符道者的頌，學理化色彩過重，一般讀者不容易理解。而佛鑑慧勤頌四料簡的詩，則簡直就是一組風情搖曳的絕句：

甕頭酒熟人盡醉，林上煙濃花正紅。
夜半無燈香閣靜，秋千垂在月明中。

鶯逢春暖歌聲歇，人遇平時笑臉開。
幾片落花隨水去，一聲長笛出雲來。

堂堂意氣走雷霆，凜凜威風掬霜雪。
將軍令下斬荊蠻，神劍一揮千里血。

聖朝天子坐明堂，四海生靈盡安枕。
風流年少倒金樽，滿院桃花紅似錦。

千溪萬壑歸滄海，四塞八蠻朝帝都。
凡聖從來無二路，莫將狂見逐多途。

---

❶ 李杏村，《禪境與詩情》，第五六頁，臺灣東大圖書公司，一九九四年版。

第一首頌奪人不奪境。酒熟香濃，人入醉鄉，而青煙如織，林花正豔。深沉院落，佳人甜眠。秋千玉索，靜垂月中。此時人停止活動，客體的物境宛然在目。第二首頌奪境不奪人。鶯聲消歇，落花隨水，是奪境；人綻笑臉，宛轉撫笛，是不奪人。此時物境淡隱，主體的人在自由活動。第三首頌人境俱奪。意氣如驚雷，威風如霜雪，將軍令下，荊蠻頭落，血濺千里。既斬其人，又奪其境。第四首頌人境俱不奪。天子臨朝，百姓安居。年少醉飲，花紅似錦。人歡愉，境芬芳。第五首是總頌。參禪者臻於百川歸海、遠人來服之境，川流安恬，心國太平。徹悟之後，凡聖不二。此時若說空說有，奪與不奪，都是「狂見」，不能達道。

三、四照用

「四照用」的「照」，指「寂照」之照，「寂」是真如之體，「用」是妙用。「四照用」係根據參禪者對主客體之不同認識，所採取之不同教授方法，旨在破除視主體、客體為實有的世俗觀點，與「四料簡」基本類似：

> 我有時先照後用，有時先用後照。有時照用同時，有時照用不同時。先照後用有人在，先用後照有法在。照用同時，驅耕夫之牛，奪饑人之食，敲骨取髓，痛下針錐。照用不同時，有問有答，立賓立主，合水和泥，應機接

物。若是過量人，向未舉已前，撩起便行，猶較些子。（《臨濟錄》）

先照後用，是針對法執重者，先破除對客體的執著；先用後照，是針對我執重者，先破除對主體的執著；照用同時，是針對我、法二執均重者，同時破除之；照用不同時，是對於我、法二執均已破除者，即可應機接物，不拘一格，運用自如。《人天眼目》卷1〈慈明頌〉：

照時把斷乾坤路，驗彼賢愚喪膽魂。
饒君解佩蘇秦印，也須歸款候皇恩。

「照時」指先照後用，即以般若利劍破除對法的執著。此時，思維被截斷，擬議不得，天地（喻相對的思維方式）被截斷，又回到了天地未分之前的狀態，不論賢愚都喪膽亡魂（喻沒有任何二元意識留存）。縱使你辯才如蘇秦，身佩六國相印（喻參禪者口若懸河，天花亂墜），也須輸誠，繳印還鄉，以候皇恩（喻返回心靈家園，繼續修行）。此詩重在對相對意識之境的破除，即是對法的破除。

用便生擒到命殂，卻令蘇醒盡殘軀。
歸款已彰天下報，放汝殘年解也無？

「用」指先用後照，即以般若利劍破除對主體的執著。師家用殺人劍，將參禪者生擒過來，將相對的意識予以斬除。但臨濟宗非常講究死中得活的機趣：使相對的意識大死之後，再使悟的生命蘇醒過來。所謂大死，即是去除覆在自性之上的客障，將世俗之「我」消解，疏瀹五臟，澡雪精神，促使現實的凡庸自我的退避來迎接妙淨之我的出現。妄想分別是「生死輪迴」的根本，禪門中許多機鋒、話頭，都是為了消除學人的妄想分別，所謂「打念頭」。「打念頭」的機用，就是「殺人刀」，讓人「大死一番」。然而，打去念頭後，如木石一般不思不動，卻是禪宗最擔心的弊病。佛教之「空」，空去妄想而已，卻需顯示出「真性」的無窮妙用，所謂「打得念頭死，救得法身活」，這就是「活人劍」：以智慧的利刃斬除一切妄想，復活「真性」的妙用。一刀一劍，能殺能活，顯示出息妄顯真的禪機。蘇醒之後，除卻往日心，已非昔時人，過去的妄想纖毫不存，再也不會干擾禪心。此時，塵心死去道心活，天下叢林，喧喧盛傳說又有一人道行圓滿成就。這個成就之人，從此會安度晚年，獲得與以前截然不同的心境。

照用同時棒下玄，不容擬議驗愚賢。
掄劍直沖龍虎陣，馬喪人亡血滿田。

「照用同時」，是將人我雙雙奪去之時。此時當頭一棒，絕不容情。人頭殞落（喻奪人），血流滿田（喻奪境）。愚人貪世情，賢者戀佛法，師家對之一概鏟除。高明的禪師，「驅耕夫之牛，奪饑人之食，敲骨取髓，痛下針錐」，這是「殺人如麻」的「臨濟將軍」的一貫作風。

照用不同時，時人會者稀。
秋空黃葉墮，春盡落花飛。

「照用不同時」，是比「照用同時」更為純熟的境界。此時，根本分辨不出其中什麼是照，什麼是用。春花落，秋葉墮，一切純真自然，不落朕兆，大化流衍，自為自在，杳無端倪。

一喝分賓主，照用一時行。
會得個中意，日午打三更。

總頌謂雖然「四照用」有種種方法，在「一喝」之中，同時具現。慈明將極其精微、複雜的四照用程式，濃縮在一喝之中，頓悟色彩極為濃郁。這種當下頓悟的功行，縱是參禪多年的人，也難知其深淺。如果領會了這一喝中的意旨，日輪當午之時，即是半夜三更。作者將兩幅截然對立的意象組合到一起，是神妙的般若直觀之境。如果擬議尋思，就不能解悟「個中意」，失以千里了。

臨濟宗四喝、四料簡、四照用等綱宗詩，反映了其禪法機鋒迅疾、不容擬議的特性。臨濟宗禪法，顯示出掀倒禪床、踢翻地軸、倒覆乾坤的氣勢，正如論者所云，「棒喝機用及一切言句，他都安排在劍刃刀口子上，完全為了頓悟服務，從不閒話商量。這正是馬祖、百丈、黃檗、睦州一系禪道的最高發展，也是禪宗在修持方面的最大革新。」「這個絕對無情的逼拶路子，它才能擺脫心意識的一切妄緣，也才可以於一念鑑覺下如脫桶底似的打徹」。❷這些綱宗詩，之所以能通過鮮明的藝術形象，表達極其深邃的禪學思想，這是因為在最高的層次上，詩與禪圓融相通。最微妙的宗教體驗，不能通過定勢語言來表述。因為按照禪宗的觀念，本體不可說，一有言說，即有主客，即與本體乖離。從這個意義上說，語言是本體的柵欄。而參禪悟道，就是要突破這種乖離，明心見性，直契本體。通過詩學的喻義，通過現量的原真呈顯，摒落思量計較，悟妙旨於言外，即可使學人當下證入禪悟之境。從這個意義上說，詩歌又是本體的家園。臨濟宗禪詩，吟詠宗綱而不粘著於宗綱，用活句而不用死語，通過意象組合的矛盾性、跳宕性、空靈性，展示一幅幅詩禪感悟境象，這就使得臨濟宗綱宗詩具有了供人想像品味的空間，使其意象具有多義性、朦朧性、不可解性，使得臨濟宗綱宗詩在中國禪學史上呈現出獨特風貌。

---

❷ 乃光，〈臨濟禪初探〉，《禪學論文集》第二冊，第一五八頁。

四、無事是貴人

每一宗派的禪學思想都有其最為典型的部分，即禪髓。禪髓詩，指通過詩歌語言藝術，或顯或隱、或明或暗地表達禪學精髓的詩歌。這些詩歌，或直陳其事，徑截表達禪學感悟；或象徵比喻，間接表達禪學感悟；或通過現量的原真呈顯，來表達禪學感悟。臨濟宗禪學感悟的精髓，主要體現在「無事是貴人」、「無位真人」、「無依道人」三個方面，並用詩歌的形式加以生動直觀的反映。

《臨濟錄》中所表達的「無事是貴人」禪髓，主要有這樣的特性：自性圓滿，與佛無別；不須造作，本來現成；饑餐睏眠，日用是道；有求皆苦，歇即無事；不求師家，不求經論。「無事是貴人」是臨濟禪的主要思想之一。臨濟設立一系列禪法，都是為了掃除學人的情見，蕩除妄念，以達到「無事是貴人」的境界。但「無事是貴人」，旨在息卻馳求之心，卻並不意味著沉溺於一潭死水的斷滅空。無心之境固然好，但如果是一種枯木死水的狀態，就墮入了頑空，臨濟宗禪人注意對斷滅空的遣除，使大休大歇的無事之人，呈顯出隨處作主、觸事而真的悟者生涯。文悅〈原居〉云（《古尊宿語錄》卷41）：

掛錫西原上，玄徒苦問津。

千峰消積雪，萬木自回春。
谷暖泉聲遠，林幽鳥語新。
翻思遺只履，深笑洛陽人。

詩寫初春原居景致。首聯謂自己掛錫西原，本圖無事，參禪之人，卻不停地前來探問禪旨。作為師家，應該怎樣回答他們？頷頸兩聯出以境象，堪稱不答之答，無言之言：積雪漸融，千峰瀉翠。萬木回春，欣欣向榮。深谷氣暖，流水增多，泉聲傳得分外地遠；幽林晝靜，百鳥歡鳴，清音顯得特別的脆。處處現成圖畫，頭頭自爾生機。與宇宙氤氳同化的人，感悟到生命的澄明寧靜。面對眼前這天然清景，你還能不融入暖雪、春水、萬木、百鳥、花谷、叢林中，化成一晶雪、一脈泉、一隻鳥、一葉花、一株樹？「鐘聲雀噪，可契真源。別處馳求，妄生節目。」（《汾陽錄》卷上） 只有將禪的意念剔除淨盡，才是真正的禪。達摩大師當年遺下隻履，把禪留在中華大地，但小根小智之人，卻如癡犬逐塊，死咬住禪的名相觀念不放，這又是一大窠臼。在這個意義上看，一度在洛陽嵩山付授禪法的達摩祖師，實在是無事生非！ 此詩貌似純粹的寫景詩，實則遠遠超出純粹的寫景詩。純粹的寫景詩是屬於見山是山、見水是水的前感悟層面，而此詩所寫之景，則是見山只是山、見水只是水的禪悟化境。在此感悟階段，詩人將禪的名相徹底剔除，即物而全真，無事是貴人。詩中既有《楞伽經》「揚眉」「動睛」皆佛法的思想，又有《金剛經》「無法可說」思想，也有魏晉玄學「言意之辯」的思想。再如善昭〈示眾〉云（《汾陽錄》卷下）：

春雨與春雲，資生萬物新。
青蒼山點點，碧綠草勻勻。
雨霽長空靜，雲收一色真。
報言修道者，何物更堪陳。

雲行雨施，品物流衍。人的精神也應時時有春雨春雲，方不枯寂。在雲雨潤澤中，遠望，黛樹似染，在山壁上襯成斑斑點點；近觀，碧草如梳，在平野上顯得柔柔勻勻。春雨乍收，天宇澄靜；霧雲散去，景色純真。人心中固然需要有春雲春雨的祥和之氣，但其心性本體，卻如春雨迷濛中的長空，雲綃霧縠裡的景色，並不改變其淵靜、澄鮮的特質。善昭〈坐禪〉亦云「月印秋江靜，燈明草含鮮」，寫禪悟直覺，純明澄澈，外物歷歷在目。但對此物境，僅僅是觀照而已，並無雜念，這才是微妙的禪心。與文悅的〈原居〉一樣，善昭〈示眾〉在對清新景色的現量呈現中，濃縮著詩人的禪學感悟，而不著痕跡，如波中月影，似鏡裡花光，玲瓏澄澈，即目即真。只有無事之人，方可寫得出這純乎天籟的詩；只有無事之心，方可感悟到這觸目菩提的美。讀者既可以將它作為純粹的寫景詩欣賞，也可以從中品味出深邃的禪意。再如文悅的〈山居〉詩，與其〈原居〉堪稱聯璧（《古尊宿語錄》卷41）：

片片殘紅隨遠水，依依煙樹帶斜陽。
橫筇石上誰相問，猿嘯一聲天外長。

靜聽涼飆繞洞溪，漸看秋色入沖微。
漁人撥破湘江月，樵父踏開松子歸。

壟麥重重覆紫煙，太平時節見豐年。
野雲忽散孤峰出，列派橫飛落澗泉。

第一首是禪者春憩圖。暮春之際，落英繽紛，殘紅隨水，宛若桃源。煙籠青翠，映帶斜陽，依依多情。這寧靜溫馨、清純潔雅的桃源，也是禪者人性源頭、精神家園、心靈故鄉；凝重靜遠、祥和明澈的斜陽，是走過初陽如血、驕陽似火的詩人，澄心內視、靜觀自心的返照回光。禪悟的境界是法喜的境界，法喜的境界渴望有人分享。詩人橫筇石上，凝情遠望，便有一聲猿啼，自空際飛來，恍如故友相存問。抒情主體的孤芳自賞、高情遠韻，悉皆傳出，卻筆致天然，毫無刻鑿之痕。

第二首是漁樵晚歸圖。初秋之時，涼飆乍起，木落千山，秋色迤邐，漸入沖微。漁人歸棹，撥弄清波，逗一輪璧月。樵父束斧，松下經行，踏萬顆松子。漁人樵父，在禪詩中往往作為垂絲弄斧的意象出現，如「只知洪浪岩巒闊，不肯拋絲弄斧斤」(《禪宗頌古聯珠通集》卷5〈投子青頌〉)，喻世人向外尋求追逐，不肯當下無事，歸家穩坐；「浪靜風恬正好看，秋江澄澈碧天寬。漁人競把絲綸擲，不見冰輪蘸水寒」(同上，卷7〈常庵崇頌〉)，「高坡平頂上，盡是採樵翁，人人盡懷刀斧意，不見山花映水紅」(《五燈會元》卷6〈陳道婆〉)，均是感歎漁人逞弄機巧，不能迴光返照。而此詩中所寫，則是收卻魚網、束起斧頭的漁樵晚歸。景是寧謐的景，有的是澄明夜月和月光下的松間路，沒有洪波巨浪岩巒險闊；人是恬靜的人，有的是自得歸漁和機心全泯的樵父，不復垂絲弄斧向外尋求。

第三首是農家豐年圖。壟麥重重，紫煙蓋覆，地氣溫潤，是豐年景象，也是心國太平的景象。天地闃寂無聲，一切都似乎融化在恬靜之中。但就在此時，野雲迸散，孤峰遠出，蒼翠撲面。一瀑飛泉，跳珠濺玉，喧鬧歡騰！平疇麥壟煙冪冪的恬靜，忽為孤峰聳翠落瀑飛泉所取代。然而，詩人的心靈並沒有被喧鬧所擾亂，因為它從來就沒有被恬靜所影響。被恬靜所影響，即溺於斷滅空；被喧鬧所擾亂，即黏於躁動境。靜景動態，都影響不了詩人的澄明心境。對此寂此動，詩人了了感知，而毫不黏著。詩歌在描寫寂境時，沒有一潭死水的枯寂，流漾著波光瀲灩的活潑生機；描寫動景時，沒有喧囂浮躁的騷動，沉澱著萬動歸寂的亙古寧靜。

這組詩的共同特點有三。其一是在靜謐之境中，忽然闌入動景，跳宕流轉，生機遠出。其二是詩中的象徵意義若顯若隱。如磐石堅貞象徵詩人堅固的禪心，漁樵晚歸象徵著歇卻妄念歸家穩坐，太平時節象徵心理世界的寧靜，野雲崩散象徵妄念的消除，但這些象徵都在有意無意之間，若即若離。其三是所寫景致疏野、恬淡，使人感受到繁華刊落見本真的意趣。縱使是孤猿長嘯，漁樵晚歸，雲散峰出，澗泉飛瀉，也同樣將人的心理感受引向恬淡祥和之境，而沒有聲色浮華的躁動。在臨濟宗禪詩裡，這是藝術性臻於化境的作品，天機一片，不受纖塵，鮮明地反映了「無事是貴人」的禪者，如何在自然清景中獲得即色即真的禪意感悟。

五、無位真人

「無位真人」是臨濟禪的又一思想精髓。鈴木大佐在《臨濟的基本思想——《臨濟錄》中「人」之研究》中指出:「『人』的概念是全書的關鍵，也是真正禪宗精神的核心。」❸《臨濟錄》載:

> 上堂云:「赤肉團上有一無位真人，常從汝等諸人面門出入，未證據者，看，看!」時有僧出問:「如何是無位真人?」師下禪床把住云:「道，道!」其僧擬議，師托開，云:「無位真人是什麼乾屎橛!」便歸方丈。

---

❸ 轉引自阿部正雄,《禪與西方思想》，第八二頁，上海譯文出版社，一九八九年版。

佛教一般修行之次第，有十信、十住、十行、十迴向、十地、等覺、妙覺等階位。「無位真人」即指不住於任何階位的自由的人，即人人本具的佛性，是無始以來的真我。臨濟為了避免觸犯、唐突這個佛性，不說它就是佛性。學僧探問「無位真人」之所在，臨濟遂以峻烈手段逼拶他，要他迴光返照，自己體會。僧人正待開口，臨濟又擔心他落在識心中，觸了不可說的忌諱，遂立即將他推開，阻止他開口，同時為了避免他執著名相，便隨說隨掃，將「無位真人」等同於「乾屎橛」，顯出凡聖一如之境。「無位真人」公案說明，每個人都有圓滿自足的佛性，不必向外馳求，只是由於這佛性受到污染，以致於經常隱藏而不能顯露。臨濟宗禪人守端、仁勇的吟詠，生動地反映出對「無位真人」的感悟（分別見《禪宗頌古聯珠通集》卷21〈白雲端頌〉、〈保寧勇頌〉）：

春風浩浩烘天地，是處山藏煙靄裡。
無位真人不可尋，落花又見隨流水。

播土揚塵沒處藏，面門出入太郎當。
撒屎撒屎渾閒事，浩浩誰分臭與香。

臨濟喜歡用「活潑潑地」來描述平常的、自由的人的生命活動。「你還識渠麼？活潑潑地，只是勿根株。擁不聚，撥不散，求著轉遠，不求還在目前，靈音屬耳。」（《臨濟錄》）「無位真人」洋溢著詩情畫意，流宕著活潑圓轉的機用。春風送暖，烘拂天地，而「無位真人」卻如同煙靄濛濛中的春山，如同白雲繚繞裡的桃源，迷離惝恍，不可尋覓。從隨著流水飄浮而至的落花上，可以感受到它的氣息，但如果尋源問津，卻杳無跡象。一個「又」字，點明詩人追尋「無位真人」不是一年，而是多年。參禪者只有發現自己心中的那座桃源，才會不再外求，而向內「看，看」，與本真的我合而為一。

與守端重在塑造意境不同，仁勇的禪詩，則直截指出，禪者的生命中存在著「無位真人」。鈴木大佐說：「臨濟的『無位真人』即指自性。他的說法幾乎完全圍繞著這個人，這人有時亦稱作『道人』。他可說是中國禪宗思想史上第一位禪師，強調在人生活動每一方面都存在著這個人。他孜孜不倦地要他的弟子們去體認這個人或真正的自性。」❹汾陽「十智同真」中的「同遍普」指出，了悟佛法並不是進入一個特別的世界，在日常生活中微不足道的事物，如土、石、瓦礫中，都存在著佛法；浮山九帶的「平懷常實帶」則指出，佛法無特別處，日常著衣吃飯都是真實佛法，「信手拈來草，無可無不可。設使風來樹動，浪起船高，春生夏長，秋收冬藏，有何差別」，「無聖可求，無凡可捨。內外平懷，泯然自合」（《人天眼目》卷2），「吃飯吃茶無別事，見山見水總皆然」（《五家宗旨纂要》）。「無位真人」存在於日常生活之中，自然會展開現象界

---

❹ 鈴木大佐，《禪學講座》，見《禪宗與精神分析》第四三頁，貴州人民出版社，一九八八年版。

的撒尿撒屎的生活，在看似卑下平凡的行動中，顯露著妙用。超越生活，又回歸於生活，正是臨濟禪的特徵。

注重「無位真人」在日常生活中的機用，與臨濟宗禪人悲智雙運的思想密切相關。禪者觀色即空，成大智而不住生死。觀空即色，成大悲而不住涅槃。大智，是上求菩提的佛教智慧；大悲，是下化眾生的淑世悲懷。兩者如車之雙輪，鳥之二翼。善昭說，「文殊、普賢、觀音、勢至、滿心、十地、彌勒、慈尊」，本來可以成佛，卻以大悲之心，「擔柴著火，荷眾苦辛，憨癡不辨，掃地放牛」（《汾陽錄》卷中）。浮山九帶有「屈曲垂帶」，謂悲智雙運的禪者，雖然證悟成佛，卻甘為菩薩而不安住佛位，「脫珍禦服，著弊垢衣」（《人天眼目》卷2）。臨濟宗禪人主張不安住悟境，而要從悟境轉身而出，悲智雙運：「一種輪迴又一回，入廛垂手化群迷。智大豈留生死界，悲深不住涅槃階。毗盧經卷塵中現，優缽羅花火裡開。非我如今難比況，千佛稽首歎奇哉。」（《古尊宿語錄》卷24〈神鼎〉）臨濟宗禪人並不排斥世之常情，寫送別懷友，也別有情愫。文悅詩云（均見《古尊宿語錄》卷41）：

跡遁寒岩雲鳥絕，陰崖流水花微發。
昨夜天風掃石床，寥寥坐對三生月。

禪人別我訪南宗，吳楚山川去幾重。
莫謂臨岐無可贈，萬年松在祝融峰。

散盡浮雲落盡花，到頭明月是生涯。
天垂六幕千山外，何處清風不舊家？

第一首寫別後相思。詩人遁跡寒岩，雲鳥不來，高曠孤寒。但這並不是一潭死水，在靜寂中自有生機汩汩呈露。流水淙淙，崖花微綻。天風浩浩，淨掃石床。詩人跏趺而坐，對皎月，懷友人，思緒翱翔在過現未三世。海枯石爛，三世電轉，然而此情、此心卻永遠不會改變。深情流注，格高韻遠。

第二首寫臨歧眗望。參禪者別我遠去，山一重水一重，不知後會何年。詩人依依相送，知己臨歧而別。詩人將南嶽奇峰祝融頂上的萬年松贈予友人，象徵著參禪者踏破千山萬水終將徹見自性。萬年松頂天立地，笑傲浮雲，只有到了孤拔之境的禪者，才能看到它挺立的身姿。對友人的勉勵盡在不言之中。

第三首是對離情別緒的禪意消解。世俗妄念的浮雲已經散盡，參禪所得聖解的花瓣也已經飄謝，唯有自性明月，照破凡聖，亙古清亮。千山之外，夜幕低垂，霧靄蒼然。但是，有明月驅昏暗，有清風滌煩暑，心國爍朗，什麼地方不是精神的家園！這類禪詩，充分表明臨濟的「無位真人」，「既不是一般的意識，也不是抽象的人性，它就是活生生的『人』，一個具體的存在」。❺「義玄雖有不少關於本體界的具體描述，但其主要目的是要為禪僧提供禪悟的意境體驗，使他們獲得

❺ 阿部正雄，《禪與西方思想》，第八五頁。

寓神聖於平凡的宗教感受」。❻

六、無依道人

「無事是貴人」、「無位真人」都有不向外求的特徵，而「無依道人」則是不向外求的進一步深化，強調主體的自足圓滿。要達到「無依」的境界，首先必須認識到「無衣」。《臨濟錄》指出，接機時運用的種種方便是「衣」；聖境、佛祖、清淨境是「衣」；語言文字是「衣」。臨濟指出了三衣，並毫不容情地將之剝除：「世出世諸法，皆無自性，亦無生性，但有空名，名字亦空。爾只麼識他閒名為實，大錯了也。設有，皆是依變之境。有個菩提依、涅槃依、解脫依、三身依、境智依、菩薩依、佛依。爾向依變國土中，覓什麼物?」經過徹底剝奪之後的禪者，便成了獨立不羈的「無依道人」，他們「向裡向外，逢著便殺，逢佛殺佛，逢祖殺祖，逢羅漢殺羅漢，逢父母殺父母，逢親眷殺親眷，始得解脫，不與物拘，透脫自在」(《臨濟錄》)。他們「殺人不眨眼」，對過去佛、現在佛、未來佛都痛下三十棒，以「報佛之深恩」，從而將珍貴的驪龍頷下珠（悟心）視為「糞球」，高揚起自信的大纛：「如今學者不得，病在甚處？病在不自信處。……爾若能歇得念念馳求心，便與祖佛不別」。這種氣概，決不依門傍戶、數他人寶，而是戛戛獨造，迥異凡人。在臨濟的提倡下，臨濟宗禪人張

---

❻ 潘桂明，《中國禪宗思想歷程》，第二九四頁。

揚絕對自由的主體精神:「直教個個如師子兒，吒呀地哮吼一聲，壁立千仞」,「打破琉璃卵，透出鳳凰兒」(《汾陽錄》卷上)。神鼎〈偶述〉云(《古尊宿語錄》卷24):

自在神鼎寺，少鹽兼無醋。
雲水若到來，撒手空回去。

「少鹽兼無醋」，即是「內外推窮一物無」;「撒手空回去」，即是「我宗無語句，亦無一法與人」，與臨濟思想合若符契:「道流，諸方說有道可修，有法可證，爾說證何法，修何道?爾今用處欠少什麼物，修補何處?」(《臨濟錄》)只要有所尋求，即是迷失。參禪者毫無例外地渴求見性，但向外尋求，縱有所得，也是迷失。沒有得到外在珍珠之人，珍珠仍然存在於他的自性中，只看他能不能迴光返照，去發現罷了。

「無依道人」否定的物件之一是語言文字之衣。歸省〈山門供養主經過覓頌〉云(《古尊宿語錄》卷23〈歸省〉):

諸方化主往來多，青山綠水意如何?
演若達多應認影，不知鷂子過新羅。

詩以演若達多迷頭認影喻化主對自己所作詩頌的黏著;以「鷂子過新羅」喻詩頌所表達的真意早已不見。詩歌勸誡學人，要在「青山綠水」中即物即真，聆聽這天然之「頌」的玄音祕響，而不必捨此另求。文悅則索性借用兩句唐詩將語言文字徹底鏟除：「啼得血流無用處，不如緘口過殘春!」(《古尊宿語錄》卷40) 其〈示學者〉云 (《古尊宿語錄》卷41)：

> 赫日光中誰不了，底事堂堂入荒草？
> 擔簦負笈苦勞心，從門入者非家寶。
> 演宗乘，提祖教，千年枯骨何堪咬？
> 南北東西歸去來，拈得鼻孔失卻口。

自性「人人具足」，光明如日，人們卻不能了悟，而落於知見的荒草。由於「不信衣珠」，以致於「千少萬少」(《汾陽錄》卷中)。於是「擔簦負笈」，「擔缽囊屎檐子，傍家走求佛求法」(《臨濟錄》)，到處尋求，殊不知「獻寶虧家寶，求金失自金」(《汾陽錄》卷下)，從各種感官之門得來的知識，並不是自己本具的自性。開悟的關鍵在於發現本具之佛性，不明此理，向外尋求，終究會毫無所得。宗乘祖教，正如臨濟所說的「枯骨」，一味咬嚼它怎能得到液汁與滋養？只有等經由了南北東西的苦苦尋求後，才能驀然明心見性，「拈得鼻孔」。明心見性之時，就會發現，語言文字已純屬多餘，在內證的境界裡，是得意忘言，不可說，不用說的。此詩形象地表達了臨濟宗禪人不依佛祖不依經，只依自家本來性的無依禪髓。

七、汾陽善昭的禪詩

在臨濟宗禪人中，汾陽善昭的禪詩創作頗有特色，這些禪詩較集中地收錄在《汾陽錄》中。這位北宋中前期的臨濟宗著名禪師，創作了禪宗史上最早的、規模最大的《頌古百則》,開創了禪宗大量創作頌古詩的風氣,奠定了頌古的雛型,開頌古之先河。汾陽禪詩，題材面廣，反映了其深厚的學植素養和超妙的禪學感悟。他所創作的為數可觀的組詩，在藝術上也時有佳境。其《證道頌》二十首，時有清新可喜之筆，如「入聖超凡割愛親，便同孤雁不同群。雪毛丹頂天然貴，清唳翱翔一片雲」(其八)。孤雁高飛，超群絕俗。雪毛丹頂，清唳翱翔。詩以孤雁形體之美潔，品位之高華，形象地寄託了自己高蹈濁世，翱翔在精神的無瑕天宇的志趣。汾陽組詩中，對禪林影響最大的，除《頌古百則》之外，較有文學價值的是〈擬寒山詩〉組詩 (《汾陽錄》卷下):

好是住汾陽，猶連子夏岡。
西河蓮藕熟，南國果馨香。
野客爭先採，公侯待後嘗。
仲尼不遊地，唯我獨消詳。

無德住西河，心閒野興多。

太虛寬世界，海岳礙江波。
獨坐思知己，聲鍾聚毳和。
欲言言不盡，拍手笑呵呵。

第一首寫汾陽景致。「西河蓮藕熟，南國果馨香」象徵自己的禪法圓滿，果熟香飄。野客先採，喻參禪之人先得其禪味。公侯後嘗，喻高官顯宦後沾其法喜。仲尼不遊地，是說自己這一片禪學天地，仲尼沒有涉足過，是儒家思想之外的另一片嶄新境域，在這裡，唯有自己俯仰自得，表露出對弘揚禪法的自許自信。

第二首寫閒情野興。太虛寬廓，含容世界。海嶽聳峭，阻遏江波。世界被含容，自由自在；江波遭阻遏，抑鬱洄漩。參禪悟道，就是要使受阻遏的精神之流得到自由自在的任運奔放。由於此種感悟超妙高遠，詩人遂生起感念知己共悟妙諦之想。事與願偕，鐘聲響處，參學人紛紛聚集而來。而一旦當大家真的聚到一起，忽而又意識到，能說出來的只是粗淺的東西，真正的精微之處無法用語言來表述，於是，將千言萬語，都付諸寒山拾得似的拍手笑呵呵。這組詩從詩歌境界的灑脫、機趣的活潑、情興的飄逸等諸多方面，都頗有寒山詩的風致。

除〈擬寒山詩〉得寒山禪髓之外，善昭的《南行述牧童歌》15首也頗有寒山詩風。將《牧童歌》與寒山子詩歌細加對照，可以發現多組相同或相近的描寫：

⑴有意玩江山，無心求榮貴。(《牧童》其十)
寄語鐘鼎家，虛名定無益。(《重岩我卜居》)
⑵不能風雨侵，霧露和衣濕。(《牧童》其十一)
嵐拂紗巾濕，露沾蓑草衣。(《層層山水秀》)
⑶從他萬象昏，我心長寥廓。(《牧童》其四)
室中雖晻曖，心裡絕喧囂。(《獨臥重岩下》)
⑷春聽百花榮，秋看千株泣。(《牧童》其十一)
泣露千般草，吟風一樣松。(《可笑寒山道》)
⑸大地作繩床，青天為寶蓋。(《牧童》其十四)
細草作臥褥，青天為被蓋。(《粵自居寒山》)
⑹鼓腹唱巴歌，橫眠長自在。(《牧童》其十四)
快活枕石頭，天地任變改。(《粵自居寒山》)
⑺吹笛上高山，把鞭牛上陂。(《牧童》其六)
誰知出塵俗，馭上寒山南。(《鳥語情不堪》)
⑻不見有同流，驅牛入石岸。(《牧童》其十三)
獨坐無人知，孤月照寒泉。(《高高峰頂上》)
⑼我有牧童兒，尋常一似癡。(《牧童》其五)
時人見寒山，各謂是風顛。(《時人見寒山》)
⑽我有牧童兒，醜陋無人識。(《牧童》其十五)
貌不起人目，身唯布裘纏。(《時人見寒山》)
⑾心通廓太虛，性直量還輿。(《牧童》其十二)
五嶽俱成粉，須彌一寸山。(《五嶽俱成粉》)

⑿有言人不會，無心道自知。（《牧童》其五）

我語他不會，他語我不言。（《時人見寒山》）

⒀我有牧童兒，身心如鐵石。（《牧童》其十五）

自憐心的實，堅固等金剛。（《我住在村鄉》）

《牧童歌》與寒山詩具有的相同質性，如以上所列舉，依次表現在：⑴摒棄榮華、皈心自然的價值向度。⑵深山高隱、景致秀潤的物象描摹。⑶外物昏暗、心光晃朗的對比映襯。⑷契合山水、感悟真如的直覺方式。⑸幕天席地、意興豪放的山居生活。⑹快樂自在、隨緣無憂的禪者襟懷。⑺高拔峻潔、更上層巒的境界追求。⑻孤芳自賞、眼底寥廓的傲兀氣質。⑼如癡似愚、混俗韜光的處世玄機。⑽外貌不揚、秀質內蘊的人格涵養。⑾胸襟廣博、塵視萬象的第三隻眼。⑿獨立卓行、淺者莫知的內證境界。⒀是非不侵、八風不動的堅固禪心。凡此皆可見善昭禪詩受寒山禪詩影響之一斑。

善昭在《牧童歌》其十五中說：「往往笑寒山，時時歌拾得。閭氏問豐干，穿山透石壁。」謂此「牧童」與寒山、拾得是摯友，彼此時笑時歌。但不能多加盤問，因為其中的關係微妙隱秘，如果著意打聽，就會像閭丘胤向豐干打聽三人行跡那樣，使得他們全都穿山入壁，隱入山體，無影無蹤了。可見作者創作牧童歌時，一方面受到寒山等人詩歌的影響，一方面又並不僅僅在寒山子詩歌中尋求靈感。《牧童歌》與寒山詩相比，禪門頓悟的色彩更重。像「未曾讀一字，要文千萬卷」(其一)、「不把一文錢，買斷乾坤地」(其二)、「忽將世界生，忽打乾坤破」(其八)、「回首枕須彌，抬身倚北斗」(其九)之類的超悟境界，是寒山子詩歌中很少有的。汾陽將牧童當作自己人格的象徵，用《牧童歌》來抒寫調心的禪悟體驗：

我有牧童兒，常樂古書典。
不將文筆抄，只麼便舒展。
未曾讀一字，要文千萬卷。
應物須不虧，問答能祇遣。

我有牧童兒，執杖驅牛轉。
不使蹈荒田，豈肯教馳踐。
泉水落岩崖，青松長石畔。
牛飽取陰涼，餘事誰能管。

我有牧童兒，騎牛入鬧市。
不把一文錢，買斷乾坤地。
種也不施工，收也無準備。
當市垛皮鞭，蟄戶一齊啟。

我有牧童兒，披莎戴箬笠。
不能風雨侵，霧露和衣濕。

春聽百花榮，秋看千株泣。

牧童衹個心，非是不能入。

其一，牧童樂「古書典」，喻禪人愛惜、嚮往無始劫來的佛性、清淨禪心。這部書典，用不著抄錄記誦，但人人具足，隨時都可以舒展應用。它雖然沒有一個字，宇宙人生的全部要義，都凝聚其中。這佛性，可以神應萬物，卻毫髮不損，隨問隨答，圓轉無礙。作者在組詩的第一首裡將人人本具佛性的特質吟詠出來，有提綱挈領的作用。

其二寫調心過程。首二句點牧牛，喻調心。「不使蹈稻田，豈肯教馳踐。」用佛經典故來象徵調心的初級階段。《佛遺教經》：「譬如牧牛，執杖視之，不令縱逸，犯人苗稼。」佛教以「牧牛」形象地比喻調心之法。禪宗裡有很多牧牛公案。有一天，石鞏禪師在廚房裡作務，馬祖進來問他在幹什麼，石鞏回答「牧牛」，馬祖問他怎麼牧，石鞏說：「一回入草去，驀鼻拽將回！」馬祖予以印可（《五燈會元》卷13〈慧藏〉）。「草」象徵見取，即對外認同。「牧牛」就是要遠離知見之草，保持心態的調和，一旦入草，要立即將心拽轉回來。後二句宕開，寫環境之清雅幽美，在此無草之境中，心牛終於得到了調伏。「牛飽取陰涼，餘事誰能管」，此時的牛已成為脫落煩惱的「露地白牛」，即人的本源心性，因此，便不需要再對它加以約束。後世《十牛圖頌》之〈牧牛〉：「鞭索時時不離身，恐伊縱步入紅塵。相將牧得純和也，羈鎖無拘自逐人。」

也沒有跳出此詩的範圍。

其三，寫調心之後，到塵世去檢驗定性。「不把一文錢，買斷乾坤地」，即「唯江上之清風，與山間之明月，耳得之而為聲，目遇之而成色，取之無禁，用之不竭，是造物者之無盡藏也」（蘇軾〈前赤壁賦〉） 之意。播種不施工，收穫不準備，喻萬物隨緣而生，各人的生死各人了，別人代替不得。在鬧市之中，揚一響鞭，原本關閉著的店鋪，忽然間紛紛開啟，喻心花頓發之際，原本閉塞的六戶，瞬時開啟，見色聞聲不用聾，水月相忘了無心。在無心之中，輝映著萬物的澄明。

其四，是最能體現牧童本色的一首，也是禪意化境的一首。牧童披莎戴笠，本為抵禦風雨的侵襲。但縱是山深無雨處，入雲深處也沾衣。深山多霧氣，潤衣亦足慰人。春天，百花欣欣向榮，可以傾聽它們的喜悅。秋天，萬木凋零泫露，可以傾聽它們的哭泣。牧童走入花草樹木的內部，用花草樹木的態度體驗著花草樹木。牧童的心就是這樣，與自然萬物融為一體，感悟真如，人間的是非毫不能入。

善昭的《牧童歌》上承寒山詩風，加以獨特的藝術表現，大規模地將牧牛象徵為調心，是禪宗〈牧牛圖詩〉的嚆矢。從中我們既可以看到寒山詩在詩壇影響的一個重要方面，又可以了解到禪宗〈牧牛圖詩〉的思想、藝術淵源。

溈仰宗禪詩

禪師指導弟子修行，

如同母雞孵蛋，十分講究火候。

蛋孵熟了，

雞子在裡面啐，母雞在外面啄，

必須同步進行，小雞才能破殼而出，

禪悟的生命才能產生。

溈仰宗是五家七宗中最早形成的宗派，它的開創者是靈祐(771～853)及其弟子慧寂(814～890)。靈祐在溈山，慧寂在仰山，舉揚一家宗風，因此後世稱為溈仰宗。在五家七宗中，溈仰宗的資料相對來說較少，創作的禪詩也相當有限，這與溈仰宗的語言觀有關。溈仰宗在接引學人時，喜歡用圓相表示遠離言語文字的內證境界，使得畫圓相成為溈仰宗風。這樣一來，在溈仰宗那裡，九十多個圓相代替了禪語禪詩，從而使得溈仰宗禪詩如鳳毛麟角般少見。這裡我們以香嚴悟道詩為代表作一探討。

據禪籍記載，香嚴博通經論，思維敏捷，先是和師兄溈山一起師事百丈，百丈死後，他隨靈祐參禪。靈祐對他說，我知道你是問一答十問十答百的伶俐人，我不問你平日的學解，也不問你在經卷上記得的禪語，我只問你，父母未生前的本來面目是什麼？香嚴茫然不知所對，翻遍經書，仍是找不到答案，便請靈祐為他解釋，靈祐不答應，香嚴非常失望，認為溈山有所保留。溈山說如果我現在說了，你日後定會罵我。我說出來是我的，不是你自己的。香嚴便燒掉手頭的所有經錄，辭別靈祐，準備做一個粥飯僧，「免役心神」。他參拜南陽慧忠遺跡，在那裡住了下來。從此把思量計慮拋在一邊，過著無心任運的日子。有一次鋤地芟草，無意之間擲出的瓦片，擊中了竹子，發出清脆的聲音。香嚴當下大悟，見到了父母未生前的本來面目，激動無比，當即回到屋內，「沐浴焚香，遙禮溈山，讚曰：『和尚大慈，恩逾父母。當時若為我說破，何有今日之事?』」並作詩表達悟境（〈智閒〉）：

一擊忘所知，更不假修持。
動容揚古路，不墮悄然機。
處處無蹤跡，聲色外威儀。
諸方達道者，咸言上上機。

這首詩成了溈仰宗最著名的禪詩，它包含著豐富的禪悟內涵。在香嚴擊竹悟道公案中，最為核心的禪悟內涵是「無心」。「無心」是禪宗的最基本的體驗，主要指離卻妄念的真心。無心並非沒有心識，而是遠離聖凡、善惡、美醜、大小等分別情識，處於不執著、不滯礙的自由境界。慧能臨終時，弟子詢問「正法眼藏，傳付何人」，師曰：「有道者得，無心者通。」（《壇經・付囑品》）慧能的法嗣本淨明確地揭舉出無心是道：「若欲求佛，即心是佛。若欲會道，無心是道。」「道本無心，無心名道。若了無心，無心即道。」馬祖在回答什麼是道時，也宣稱「無心是道」（《古尊宿語錄》卷46〈慧覺〉引）。黃檗對無心是道的觀念大力闡發。香嚴擊竹得以開悟，正是因為處在無心狀態。否則就不可能聽到天籟般的清音脆響，也無從桶底脫落。在「無心是道」的體驗中，蘊含著豐厚的佛心禪韻詩情。

首先，是啐啄同時。當香嚴開悟的時節因緣未到，溈山寧可受到誤解，也不為香嚴說破，因為他知道當時節因緣自然到來時，香嚴自會瓜熟蒂落，水到渠成，徹見本來面目。當香嚴開悟的時節因緣到來之時，一聲竹音，使他在無心的狀態下，如迷忽悟，如忘忽憶。香嚴對這種時節因緣到來時無心悟道的感受體會尤深，曾作有〈獨腳頌〉：

子啐母啄，子覺母殼。
子母俱亡，應緣不錯。
同道唱和，妙玄獨腳。

禪的付授，講求啐啄之機。禪師指導弟子修行，如同母雞孵蛋，十分講究火候。蛋孵熟了，雞子在裡面啐，母雞在外面啄，必須同步進行，小雞才能破殼而出，禪悟的生命才能產生。時候未到，雞子未啐，母雞先啄，雞子就會死去；時候已到，母雞不啄，僅是雞子在裡面啐，力量不夠，雞子仍會死去，因此必須啐啄同時。雞子既覺，則蛋殼不存，以前的種種手段，遂顯得毫無意義。但既出殼後，如果存有師徒名分的障隔仍是不行，必須子母俱亡，才能進入「臨機不讓師」、「大悟不存師」的化境，而展開同道唱和。

其次，是能所俱泯。禪悟觀照的特點是能所俱泯。觀照的主體是能，觀照的客體是所。如能聞到聲音的耳朵，稱為能聞；被耳朵所聽到的聲音，稱為所聞。參禪者通過能所俱泯的見、聞，回歸於與世界未分離時的無心狀態。香嚴自小博覽三乘十二分教，聰明伶俐，問一答十，在擊竹開悟前，對禪學的看法，全是由文字而得。但從感官之門得來的知識，絕非自己內在的禪悟生命。他對自性的體察僅靠語言的推導，而從語言來體認自性無異於認賊作父，因此溈山說他是「意解識想」。香嚴經溈山迴超情識意解的一問，不能從知見中出言以對，在屢次叩問而溈山不為解答後，心灰意冷，遂割捨掉心識意解，在無心之際聽到天籟般的竹音，「無計較，忘覺知」（香嚴〈指授偈〉），平日纏縛他的知性、邏輯的鎖鏈悉皆震斷，平日所困惑他的一切，都冰消瓦解。香嚴忘卻了一切意解識想，既忘卻所知，也忘卻能知，主體與客體、能知與所知都完全同一。竹聲把他從平素所置身其中的時間之流切斷，使他獲得了徹徹底底的放鬆，他已經融入竹聲之中，與竹聲、翠竹，不復區分，絕對合一，整個宇宙的神祕迷霧，都在他聽到清音脆響的瞬間煙消雲散。清脆的竹音，使他的心靈詩意般地、神祕性地敞開，塵封已久的「本來面目」遂從昏暗的塵情俗垢中一躍而出，如同自己千辛萬苦地尋找寶物，結果竟在自己身上發現了一樣。這獨立、光明、淨裸裸、赤灑灑、圓陀陀的自性，明白呈露，熠熠生輝。香嚴以空靈之心契合大全，被提昇到猶如淨土般光華的領域，一片澄明。此時的人與物，是摒落知見的絕對同一。心與竹冥，身與竹化。

其三，是一超直入。香嚴悟道偈中，「更不假修持」所呈顯的是一超直入如來地的禪悟體驗。關於成佛的方法與步驟，佛教內部向來有頓悟與漸修兩種主張。小乘禪學認為到達阿羅漢果位要經過累世的修行，大乘般若學則主張直契實相本體。溈山是慧能的四傳弟子，遵循著慧能以來的禪宗傳統，主張頓悟。香嚴「更不假修持」，就是對頓悟禪的強調。但香嚴雖然強調頓悟，也兼重漸修。香嚴寫了悟道詩後，溈山印可，仰山則繼續勘驗香嚴，說這首詩仍是「夙習記持而成」，如果有真正的覺悟，就再作一偈，香嚴遂又成一頌(《智閒》)：

去年貧，未是貧；
今年貧，始是貧。
去年貧，猶有卓錐之地；
今年貧，錐也無。

禪門中人常以貧窮象徵自性，因為自性不立一塵，在特徵上與貧窮有相通之處。香嚴此頌形容自己擺脫了束縛，真正達到了空。只不過香嚴所描述的達到空的過程，帶有漸修的色彩：去年空，還有個空的境界（立錐之地）；今年空，連空的境界都沒有了。解脫束縛達到了連地和錐都沒有的程度，是由破除我執進入到破除法執的我法二空的景象。可見香嚴注重頓悟，卻並不排斥悟前的修行。仰山則認為這首偈子還存在著不足之處，一是由破我執到破法執，呈現著漸漸推展的跡象；一是香嚴所說破除一切，尚只是在破除我法二執上下功夫，還沒進入明心見性、本來無物的境界。因此，仰山說香嚴會「如來禪」，對「祖師禪」仍然沒有領悟。仰山指出：

「若要了心，無心可了。無了之心，是名真了。」(〈慧寂〉)

在修行的漸悟階段，固然要「時時勤拂拭，莫使有塵埃」，一旦獲得頓悟，則「本來無一物，何處有塵埃?」無了之心，才是真了，這與「更不假修持」的體驗完全一致。因此，主張頓悟的仰山對香嚴偈中所呈現的漸修跡象不以為然。開悟之時，修與不修都是相對意識。參禪者從時節因緣得到頓悟，開悟之後，無始以來的無明習氣並沒有被全部清理乾淨，仍然殘存在意識裡，必須時時保任，悟後起修。因此，開悟之前，需要修持；開悟之時，不假修持；開悟之後，不廢修持，這才是「更不假修持」所蘊含的真諦。

其四，是日用是道。香嚴擊竹悟道，內心充滿了喜悅。明白了這個既忘所知，又不假修持的自性，本身就是大道、古道、禪悟之道，悟性的光輝洋溢在他生命的每一時刻，動容揚眉，舉手投足，心語意的一切行為活動，無不是在表現這個大道，不墮於「悄然機」，迥超那種一潭死水式的枯木禪。當參禪者著空、住空時，便為空所縛。墮在「悄然機」中的枯木禪，能「死」而不能「活」，把出世和入世看作水火不容、相互隔絕的兩岸，殊不知大道之內沒有這種差別。「佛法在世間，不離世間覺」，離開了日常生活，墮於悄然機，就是坐在黑山鬼窟裡，溺在一潭死水裡，只能是凡夫禪、小乘禪，甚至外道禪，而決非如來禪，更談不上祖師禪了。也正是由於「不墮悄然機」，故不能拘泥於持戒坐禪的形式。

其五，是超聲越色。香嚴悟道偈中，「聲色外威儀」所呈顯的是聲色俱泯的禪悟體驗。大道體現在日用之中，日用是道的顯現，但它卻並不是道的本身。如果僅僅將饑餐睏眠等同於自性，則無由確立禪悟的人文精神，而墮於放縱自然的一途。因此，香嚴在悟道詩中指出，大道「處處無蹤跡」，那些有聲、有色之類的都是有蹤跡，都不是大道。雖然行住坐臥都能夠體現大道，但不能把體現大道的行住坐臥當作大道的本身。威儀（道體）存在於聲色之外，哪怕動容舉止都在表現它。於是，超聲越色與日用是道構成了道體的兩方面質性：日用是道側重存在性；超聲越色側重超越性，忽略任何一面都是片面。禪者之態度，是存在而超越，超越而存在。

曹洞宗禪詩

理存在於一切事物之中，

一切事物又在理的統攝下各各呈現出差別。

因此在把握事物的本體時，

不能昧失其現象界的差別；

在認識現象界的差別時，

又不能昧失滲透於一切現象界中的「理」。

在五家七宗中，曹洞宗的禪詩最為引人注目。曹洞宗遠紹華嚴理事無礙、石頭《參同契》、曇晟《寶鏡三昧》，通過獨特的禪修和教化實踐，建立了「五位」、「迴互」之說，並以詩歌的形式使之廣為流傳。其正偏五位、君臣五位、功勳五位、五相詩、四賓主等歌訣，集中地表達了曹洞宗的宗風特色。然而，由於曹洞宗禪法理論本身的細緻綿密、幽緲艱深，使得表達其宗旨的禪詩具有啞謎天書般的神祕色彩。

一、石頭希遷的《參同契》

曹洞宗最為顯著的思想是理事、正偏的兼帶迴互。它的思想淵源，遠可以追溯到《華嚴經》、華嚴宗，近可以上溯到石頭希遷。希遷的禪風圓轉無礙，時人稱為「石頭路滑」。其五言偈頌《參同契》，借用東漢末年煉丹方士魏伯陽著作的名字，展開各種思想的會通（《洞山悟本錄》）：

竺土大仙心，東西密相付。
人根有利鈍，道無南北祖。
靈源明皎潔，枝派暗流注。
執事原是迷，契理亦非悟。
門門一切境，迴互不迴互。
迴而更相涉，不爾依位住。
色本殊質像，聲元異樂苦。

暗合上中言，明明清濁句。

四大性自復，如子得其母。

火熱風動搖，水濕地堅固。

眼色耳音聲，鼻香舌鹹醋。

然於一一法，依根葉分布。

本末須歸宗，尊卑用其語。

當明中有暗，勿以暗相遇；

當暗中有明，勿以明相睹。

明暗各相對，譬如前後步。

萬物自有功，當言用及處。

事存函蓋合，理應箭鋒拄。

承言須會宗，勿自立規矩。

觸目不見道，運足焉知路。

進步非遠近，迷隔山河固。

謹白參玄人，光陰莫虛度。

《參同契》中，「參」意為參差不齊，指世間萬法分殊，各守其位，互不相犯；「同」，意為萬法雖殊，同歸真如；所謂「契」，則是二者的統一。具體說來，心、物有別，內、外有別，理、事有別，但這些分別，歸根結蒂，不過是體用之別，從本質上看是一體的。石頭的《參同契》，就是既要分辨出它們的不同，又要辨明它們的契同，達到理事圓融。

「竺土大仙心，東西密相付。」石頭在一開始就強調《參同契》所頌的是佛陀的心法。佛陀將涅槃妙心傳付給迦葉，歷經二十七祖，傳至達摩。達摩東渡來華，禪宗遂開始了「東西密相付」的歷史。

「人根有利鈍，道無南北祖。」在傳授禪法的時候，由於人的器根有利鈍愚魯的不同，所以悟道也有頓、漸不同，由此生起了北宗漸修和南宗頓悟的差別。但就求道悟道而言，並沒有高下之分，所以不能有南宗、北宗的門戶之見。

「靈源明皎潔，枝派暗流注。」「靈源」，指心、理，即本體。「枝派」，指物、事，即現象。自心自性，即是萬法之源，光明皎潔，但它並不是單獨的存在，而是顯現在一物一事之中。樹木有千百條枝幹，河流有千萬條支流，但樹木的根部只有一個，河流的源頭只有一個。「靈源」正像樹木的枝幹、河流的支派一樣，流注在萬事萬物之中。雖然物、事只是個別，只是殊相，只體現了真如的一支、一脈，但真如卻暗暗流注於其中，所以它們同樣是真如的全體。理、事雖有體用之別，卻是一個統一體的兩個側面，二者不能偏廢，更無高下之分。

「執事原是迷，契理亦非悟。」「理」是滲透在千差萬別的現象界事物中的理體；「事」則是被法性滲透的現象界中千差萬別的事物，屬於用的範疇。執著於千差萬別的某一現象界事物是迷，僅僅體會了寓於事物中的理體也是迷。換言之，執著於事相而求法求道是迷妄，執著於契理而不識事相差別同樣也是迷妄。只有理事融通，才能無所執著。

「門門一切境，迴互不迴互。」宇宙間萬事萬物就是「門門一切境」，它們的關係是既迴互而又不迴互：「迴互者，謂諸根境互相涉入，如帝網珠也；不迴互者，謂諸根境各住本位，未嘗混雜也。雖互相涉入，而實各住本位；雖各住本位，而實互相涉入，此非意識之境。」❶

「迴而更相涉，不爾依位住。」事理之間儘管界限分明，但我中有你，你中有我，互相依存，互相作用，同時又保持其獨立的個性。事與理雖然彼此相依相涉，卻各有分限，互不淆雜。

「色本殊質像，聲元異樂苦。」明確了理事關係的基本原則之後，還要深入了解萬法殊相，從紛繁複雜的森羅萬象來悟入理體。「色」大約相當於物質，凡是我們的六根所能感受得到的，都可納入「色」的範疇。「色本殊質象」，是說我們的六根所感受的現象界事物的本來面目，與六根依緣六塵而生的六境是很不相同的。這是因為我們習慣於從一己的立場來看待世間萬物，由此而產生對事物表相的虛妄認識，與色塵的本來面目大相徑庭。同理，「聲元異樂苦」，人們的耳根所依緣聲塵而生的耳識，與聲塵的本來面目差之千里。「暗」與「明」的關係猶如理與事、體與用的關係，「暗合上中言，明明清濁句」是說，在本體上似是符合上中根機的言句，放在體用的角度去看，卻又是清濁分別見之境了。

❶ 永覺禪師，《洞上古轍》卷上〈參同契注〉，收於《永覺元賢禪師廣錄》卷二七，卍續藏第一二五冊。

「四大性自復，如子得其母。火熱風動搖，水濕地堅固。」構成色法的地、水、火、風四大要素，火性暖，風性動，水性濕，地性堅。由於四大和合的原因，使其自性不能顯現。只要透過四大和合的一切現象界事物而見到四大的自性，就會在用中見體，如同因子而見其母。「母」與「子」，就是體與用，也是共相與殊相、一般與個別、理與事、心與物。

「眼色耳音聲，鼻香舌鹹醋。然於一一法，依根葉分布。」人們認識外物，眼根所對為色塵，耳根所對為聲塵（音聲），鼻根所對為香塵，舌根所對為味塵（鹹醋），身根所對為觸塵，意根所對為法塵。六根執著於六塵。如果洞知五蘊本空，六塵非有，則佛道自成。站在權宜方便的角度上看，有四大、六根之分；站在根本的立場上看，世間紜紜萬法都是由真如之根所派生出的枝葉。

「本末須歸宗，尊卑用其語。」明確了體用關係之後，就可以靈活地運用禪機了。「本」就是心性，性理；「末」就是萬物，事相。在運用機鋒之前，首先要把所涉及的理、事的內涵、性質辨析得準確清晰，然後要分清二者在這段機語中的主從、輕重關係。

「當明中有暗，勿以暗相遇。」這裡的「明」、「暗」，有兩層含義：

其一，事相顯豁為「明」，性理深奧為「暗」。當學人悟道處在用中有體時，作為師父不能單純地從用的角度去接引他；「當暗中有明，勿以明相睹。」當學人悟道處在體中有用時，作為師父也不能單純地從體的角度去接引他。

其二，明白的語言稱為「明」，含蓄的語言稱為「暗」。「當明中有暗，勿以暗相遇」是說對明白顯豁的道理，不要以明對暗，流於晦澀；「當暗中有明，勿以明相睹」是說深奧的道理，不要以暗對明，流入淺薄。

「明暗各相對，譬如前後步。」理與事、明與暗各自相對待而又統一於真如之體，如同人在行走時兩足有先有後，不可偏廢。

「萬物自有功，當言用及處。」世間萬法各有其功用，學人當明其「用」與所用之場合。世間萬法紛然，既不能妄立一法，也不能妄廢一法。

「事存函蓋合，理應箭鋒拄。」事存在於理體中，如同函蓋一樣的密合，有事就有理；理如同一竿接一竿疾飛而來的箭，沒有一件事不被它所貫串！理遍在萬物，好比箭穿靶心，一以貫之。

「承言須會宗，勿自立規矩。」石頭告誡弟子，以後各自開山立派時，切不要失卻本宗，秉承祖師言教，必須理會其宗風，不得自立規矩以壞祖師家法。

「觸目不見道，運足焉知路。進步非遠近，迷隔山河固。謹白參玄人，光陰莫虛度。」從理事圓融、「迴互不迴互」的立場出發，一切皆是真如理體的變現。因此大修行人徹悟第一義時，就會觸目皆是菩提，就能進步（悟道），就能頓悟真如；如果執迷於事理之別，不明「迴互不迴互」之理，則與道相隔，就像山河阻隔的堅固了。大道無南北、內外、心物、理事、頓漸之別，因此要抓緊有限的光陰努力修行，以免枉坐竹榻蒲團，虛度時日。

根據《參同契》的思想，理存在於一切事物之中，一切事物又在理的統攝下各各呈現出差別。因此在把握事物的本體時，不能昧失其現象界的差別；在認識現象界的差別時，又不能昧失滲透於一切現象界中的「理」。不明白「不迴互」的道理，就會混淆事理；不明白「迴互」的道理，就會孤立片面。事事圓融，迴互而又不迴互，這才是完整的體用關係和理事關係，是真正的「石頭路滑」之處。只有明白了事理之間相互依存又相互區別的道理，才能作到理事會通，圓融無礙。這成為曹洞宗正偏迴互說的理論基石。

二、雲岩曇晟的《寶鏡三昧》

曹洞宗禪學思想的另一重要理論依據是《寶鏡三昧》。洞山良價在雲岩曇晟處親印《寶鏡三昧》，並把它傳授給曹山本寂。《寶鏡三昧》文辭簡練，卻奧義無窮，將洞山一脈的修持精華，悉數包容其中：

如是之法，　　這本來現成的大法，
佛祖密付。　　佛祖已經密相傳付。
汝今得之，　　你現在既已得到它，

善宜保護。　　就應當好好去保護。

銀碗盛雪，　　銀碗裡面盛著白雪，
明月藏鷺。　　明月之中潛藏白鷺。
類之弗齊，　　分門別類雖不一樣，
混則知處。　　混然一體各有所處。

意不在言，　　意旨豈言語能表述，
來機亦赴。　　有來機就能去應赴。
動成窠臼，　　此機一發則成窠臼，
差落顧佇。　　不知變通枉自躊躕。
背觸皆非，　　肯定否定都不正確，
如大火聚。　　恰像燃燒著的大火！
但形文彩，　　只要纏上語言文字，
即屬染污。　　它就已經屬於染污。

夜半正明，　　縱是在暗夜仍明亮，
天曉不露。　　縱是在天明不顯露。
為物作則，　　它成為萬物的準則，
用拔諸苦。　　可救拔人生的諸苦。
雖非有為，　　雖然不是有為之法，
不是無語。　　卻絕非什麼也不做。

如臨寶鏡，　站在晶瑩的明鏡前，
形影相睹。　形體與影子兩相見。
汝不是渠，　你不是鏡裡面的他，
渠正是汝。　他正是鏡子前的你！

如世嬰兒，　就像剛出生的嬰兒，
五相完具。　眼耳鼻舌身已俱備。
不來不去，　既不是來也不是去，
不起不住。　不是生起也非黏著。
婆婆和和，　咿呀學語體露純和，
有句無句。　雖有聲音卻無意趣。
終不得物，　終究沒有黏滯外物，
語未正故。　是因語言僅是空殼。

重離六爻，　將離卦六爻來分離，
偏正迴互。　得偏正迴互的宗旨。
疊而為三，　六爻重疊成為三組，
變盡成五。　五度變化偏正迴互。
如荎草味，　五味子一籽五味足，
如金剛杵。　金剛杵兩頭虛中實。

正中妙挾，　既正又中妙而雙挾，
敲唱雙舉。　擊節和歌同時併舉。

通宗通途，	通達佛法悲憫人世，
挾帶挾路。	解行相應人我一如。
錯然則吉，	迷悟不二交錯大吉，
不可犯忤。	動念起心與道相忤。
天真而妙，	佛性天真何其靈妙，
不屬迷悟。	不屬於迷不落於悟！
因緣時節，	隨緣而明遇機而顯，
寂然昭著。	寂然空寥萬化順應。
細入無間，	小到進入分子原子，
大絕方所。	大到超出天地宇宙。
毫忽之差，	只要有絲毫的差錯，
不應律呂。	就不與大道相應和。
今有頓漸，	權且設頓悟和漸修，
緣立宗趣。	為學者指出歸鄉路。
宗趣分矣，	歸鄉路既然有細則，
即是規矩。	就成為修行的法度。
宗通極趣，	頓悟菩提漸修禪道，
真常流注。	真如即可常流且住。
外寂中搖，	外形寂靜內心搖動，
繫駒伏鼠。	如駒與鼠暫被繫縛。

先聖悲之，	先聖感於這種狀況，
為法檀度。	設立妙法進行救度。
隨其顛倒，	隨順其妄想顛倒心，
以緇為素。	權且認煩惱作覺悟。
顛倒想滅，	將顛倒之心再顛倒，
肯心自許。	便立證無上菩提道。

要合古轍，	要想合於古佛軌轍，
請觀前古。	請觀看前代的範例。
佛道垂成，	為了成就無上佛道，
十劫觀樹。	長久的修行少不了。
如虎之缺，	這好比是虎耳漸缺，
如馬之馵。	也好似那馬足發白。
以有下劣，	為逗起凡夫求道念，
寶幾珍禦。	以種種寶物相誘引。
以有驚異，	為斷除佛法奇特心，
狸奴白牯。	說狸奴白牯有佛性。

羿以巧力，	羿憑藉他技巧嫻熟，
射中百步。	能百步外射中目標。
箭鋒相值，	可禪機如激箭相交，
巧力何預？	又哪裡用得上技巧？

木人方歌，　你聽木人唱起了歌，
石人起舞。　你看石人跳起了舞。
非情識到，　凡情凡識難以理解，
寧容思慮。　又豈容管見去卜度？

臣奉於君，　臣奉於君事奉於理，
子順於父。　子順於父理事迴互。
不順非孝，　兒不順父非稱為孝，
不奉非輔。　臣不奉君不足為忠。
潛行密用，　潛行密用禪道無窮，
如愚如魯。　世俗觀之如愚如魯。
但能相續，　只要能精勤相接續，
名主中主，　就是無上的主中主！

《參同契》已標「迴互」之說，《寶鏡三昧》則倡「明暗交參」之義：「夜半正明，天曉不露。」夜半正明，是暗中有明；天曉不露，是明中有暗。所謂「明」，指形形色色的大千世界，即色界；所謂「暗」，指無形無跡無色聲香味的本體界，即空界。明暗交參，謂本體界與現象界交互參合在一起，色即是空，空即是色。由明暗交參的觀念，同樣發展出「正偏迴互」之說。《寶鏡三昧》喻之為：「銀碗盛雪，明月藏鷺。類之弗齊，混則知處。」「混」即平等，「處」即差別。銀碗裡面盛著白雪，明月之中潛藏白鷺。現象界包容在本體裡面，不可分割。但是，本體與現象又不相同，前者是正是主，後者是偏是末。因此，必須「臣奉於君，子順於父。不順非孝，不奉非輔」。曹洞宗的正偏迴互、五位功勳皆濫觴於此。《寶鏡三昧》以形影喻體用，「如臨寶鏡，形影相睹。汝不是渠，渠正是汝」，對洞山的開悟也有間接的啟發：

> 師臨行又問雲岩：「和尚百年後，忽有人問：『還邈得師真否』，如何祇對？」岩曰：「但向伊道：『只這是！』」師良久，岩曰：「价闍黎承當個事，大須審細。」後因過水睹影，大悟前旨。因有偈曰：「切忌從他覓，迢迢與我疏。我今獨自往，處處得逢渠。渠今正是我，我今不是渠。應須與麼會，方始契如如。」（《洞山悟本錄》）

洞山過水睹影，深切地感悟到了雲岩悉心傳授給他的體用、理事的奧秘，因而得以徹悟。

此外，《寶鏡三昧》提出了「背觸皆非，如大火聚。但形文彩，即屬染污」的不觸犯原則，指出對本體肯定否定都不行，般若如同烈火，近傍不得。只要形於語言文字，就是染污了它。《寶鏡三昧》還描摹出「木人方歌，石人起舞。非情識到，寧容思慮」迥超知性理解的禪定直覺境，這對曹洞宗遵守不觸犯原則、大量運用禪定直覺意象，亦有濫觴之功。

三、洞山「正偏五位」偈

曹洞宗遠紹華嚴理事無礙宗旨，近承希遷、曇晟禪法，提出了正偏五位等思想。五位，指正中偏、偏中正、正中來、偏中至、兼中到。「正」指本體、靜、空、平等、絕對、本覺、真如等；「偏」指事相、動、色、差別、相對、不覺、生滅等。正偏迴互，組成五種不同的關係，是為正偏五位。《五燈會元》卷13所載洞山的詩偈，形象地說明了正偏五位的修行階位：

正中偏，三更初夜月明前。

莫怪相逢不相識，隱隱猶懷舊日嫌。

「三更初夜」黑而不明，表正位，「月明」為偏位，由混沌未分的原初狀態，產生出森羅萬象，由一元走向二元，由絕對走向相對。不變的本體隨順眾緣而生起種種現象。《正法眼藏》卷3：「白處說黑底，又不得犯著『黑』字，犯著『黑』字即觸諱矣，……謂能迴互，只言『三更』。『三更』是黑，『初夜』是黑，『月明前』是黑，不言黑而言『三更初夜月明前』，是能迴互、不觸諱。」《洞上古轍》卷上：「以月明前顯其黑，是黑顯時中便有明。」在此階位，參禪者雖然承認有精神本體，但還不懂得萬物由本體派生，「孤理而缺事」（《五家宗旨纂要》），體用關係上忽視用的一面，稱「正中偏」。洞山認為，參禪者在此階位，對本來無物到生萬象形不必驚怪，因為由空而生的色，色的當體也就是空。

曹洞宗以「初夜」、「五更」，象徵渾沌未分的原初狀態，以「玉兔明」、「金雞唱」、「龍吟」、「虎嘯」表示由體起用：「玉兔既明初夜後，金雞須唱五更前」，「龍吟初夜後，虎嘯五更前」。曹洞宗「借黑權正，假白示偏」，用「黑面老婆披白練」象徵由空生色，由體起用。「石女」、「木人」，象徵不落意識的絕對空境。然而，「弄機」、「作舞」、「敲戶」、「驚夢」之後，原本的混沌不復存在，開始產生分別，猶如從渾然不覺的睡眠狀態中醒來，開始產生分別認識一樣：「石女機梭聲軋軋，木人舞袖出庭前」，「夜半木童敲月戶，暗中驚破玉人眠」，「正中偏，混沌初分半夜前。轉側木人驚夢破，雪蘆滿眼不成眠」。「雪蘆」即是雪覆蘆花，雖然蘆花（色界事相）為白雪（空界本體）所覆，渾然一色，但在混沌夢破之後，就有了區別，它們不再是原初的同一了。

偏中正，失曉老婆逢古鏡。
分明覿面別無真，休向迷頭猶認影。

參禪者臻此階位，不再強烈地呈現分別見解，現象界的一切逐漸隱退。這是真如向上還滅門，捨棄具體事相，直顯根本理體。但參禪者此時雖承認現象是假，卻往往不懂得透過現象進一步探求本體，「孤事而缺理」，體用關係上缺少體的一面，稱「偏中正」。詩意謂一覺醒來，天已放亮，日出光燦，如同古鏡（人之本心），這是自千差萬別的事象直指真如平等的法界。參禪者應在此基礎上再進一步，「分明覿面別無真」，自己的真心、真性當體即是，「一切色是佛色，覿面相呈諱不得」。沒有必要像《楞嚴經》卷4所說的那樣迷頭認影，迷失真性，執著妄相。須知，鏡子所反映出來的只是影子（幻相），並非絕對真實的「頭」（自性）。

曹洞宗認為，事相歸於理體，猶如孤燈在太陽底下閃爍，微弱的燈光被強烈的陽光所銷熔：「隱隱猶如日下燈，明暗混融誰辨影。」曹洞宗以「輕煙」、「薄霧」、「白雲」，象徵縹緲遷變的事相，以「皓月」、「寒岩」、「嶽頂」，象徵恒常絕對的本體，以「籠」、「鎖」等字，表示空的事相遮蔽實的本體：「輕煙籠皓月，薄霧鎖寒岩」，「白雲籠嶽頂，終不露崔嵬」。以棄白就黑，喻事相向理體的回歸：「白頭翁子著皂衫」。《參同契》說：「靈源明皎潔，枝派暗流注。」樹梢千萬枝，江湖兆億滴，雖然事相、毫末、滴水只是個別、殊相，但同樣是全體、理體，是大樹、江湖，因此，只要透過事相直顯理體，參禪者就會撒手回途，到無影堂前（喻煩惱悉皆殞滅）提持無上禪法：「臨歧撒手便回途，無影堂前提正令。」此時虛浮的事相就會全部殞滅：「人人盡向影中圓，影滅潭枯誰解省?」參禪者如同鬢髮垂絲的老婦人，認識到色相之虛妄，從而不再執著事相，超越事相：「婦人鬢髮白垂絲，羞對秦臺寒照影。」

正中來，無中有路隔塵埃。

但能不觸當今諱，也勝前朝斷舌才。

「正中來」是從「正中」而「來」，指恰好處於正和偏的中間，即「恰好來自處於對立統一體中的正和偏的正中」（鈴木大佐語）。學人悟明自心，初證聖境。但雖證入聖境，卻不居聖境，而是披毛戴角，向異類中行。參禪者在此階位的正受是：不再感覺身心之存在，二者皆泯滅無餘，本體已達無念之境，應萬象之差別，變現出沒自在之妙用，行走在「無中有路」。「無中」為正位，「有路」為偏位。「無中有路」，是沒有蹤跡的無路之路，在這裡，無論心行、事行，都無影無蹤。對於禪，說有說無皆不中，不能直接說破，就像不能觸犯當朝皇帝的名諱一樣，開口即錯；饒你有截斷他人舌頭的辯才，也無用武之地。只有不觸不犯，才能直指無始以來的本覺佛性。

這是不容擬議、玄而又玄、迥遠峻拔的境界：「玄路倚空通脈上，披雲鳥道出塵埃。」在此境界裡，松樹凋枯卻沒有衰老，花開滿枝卻沒有萌生，乾涸的大地上蓮花怒放，無生命的木馬生兒滿地，完全泯滅了精神與物質兩方面的差異：「松瘁何曾老，花開滿未萌」，「旱地蓮花朵朵開」，「木馬生兒遍九垓」，完全泯絕了意識的塵埃：「遍界絕纖埃」，「一片神光橫世界，晶輝朗耀絕纖埃」，「雖然照徹人間世，不犯鋒鋩絕點埃」，「杲日初升沙界靜，靈然曾不帶纖埃」。

兼中至，兩刃交鋒不須避。

好手猶如火裡蓮，宛然自有衝天志。

「兼中至」與「兼中到」，在正偏五位中同居「他受用三昧」的高層，屬菩薩應化度人的境界。兼即兼帶，兼前正偏兩位，卷舒自在。至，指向兼帶的境界而至，如人歸家，雖未「到」家而至別業。在此階位的正受是：從現象界差別妙用，體悟現象與本體冥合，而達於無念無想之境。詩中「兩刃」即菩提煩惱、凡人聖人、生死涅槃、言談沉默等一切相對立的觀念。功夫未到之時，不敢直面它們的交鋒，如今火候已到，一切法皆是佛法，對它們遂不須迴避。縱使是置身紅塵的欲火，蓮花仍然本色天然，聖潔如故。「偏中至」的境界，自有一番衝天的志向和氣概。

在此境界裡，一切對立的觀念都「莫辨」、「難明」、「無跡」、「無痕」，煙消雲散：「猿啼音莫辨，鶴唳響難明」；「應無跡，用無痕。」

兼中到，不落有無誰敢和？

人人盡欲出常流，折合還歸炭裡坐。

在此階位，參禪者既承認萬事萬物由本體派生，又承認萬事萬物空無自性，而獲得最終覺悟。修行到了「兼中到」階位，不論行住坐臥，不論說與不說，都超離對待，不與萬法為侶。但悲智雙運的禪者，自度之後，尚須度人，不可高高居留在了悟的妙高峰頂。如果只是想一味地超出「常流」，恰恰是對佛法的誤解。真正見道之人，仍然會回到灼如炭火的紅塵之中，灰頭土面化導眾生，將清涼世界與熱惱人間打成一片，將萬仞峰頭與十字街頭化為一體……如果只是貪圖「出常流」，則會流於枯寂，因此曹洞宗禪人力矯此弊，大力提倡淑世精神。

四、曹山「君臣五位」偈

曹山本寂繼承洞山正偏五位之說，藉君臣相對之誼而說明五位之旨訣，稱為君臣五位。曹山以「君」象徵本體，以「臣」象徵現象界，《曹山元證錄》：

> 正位即空界，本來無物。偏位即色界，有萬象形。正中偏者，背理就事。偏中正者，捨事入理。兼帶者，冥應眾緣，不墮諸有，非染非淨，非正非偏。故曰虛玄大道，無著真宗。從上先德，推此一位最玄最妙，當詳審辨明。君為正位，臣為偏位。臣向君是偏中正，君視臣是正中偏，君臣道合是兼帶語。進云：「如何是君?」師曰：「妙德尊寰宇，高明朗太虛。」云：「如何是臣?」師曰：「靈機弘聖道，真智利群生。」云：「如何是臣向君?」師曰：「不墮諸異趣，凝情望聖容。」云：「如何是君視臣?」

師曰:「妙容雖不動，光燭本無偏。」云:「如何是君臣道合?」師曰:「混然無內外，和融上下平。」

曹山以臣向君為偏中正，君視臣為正中偏，君臣道合為兼中到。君臣道合，則天下太平，冥應眾緣，不墮諸有，動靜合一，事理不二，非正非偏，體用一如，是最高的悟境。為了進一步說明君臣五位，曹山作了一首總頌:

學者先須識自宗，莫將真際雜頑空。
妙明體盡知傷觸，力在逢緣不借中。
出語直教燒不著，潛行須與古人同。
無身有事超歧路，無事無身落始終。

詩意謂對於曹洞宗禪人來說,須明白曹洞宗君臣五位的宗旨。「真際」，即自心自性，它並不是靜而無動、滅而無生的「頑空」，故不能將它與一潭死水式的「頑空」混為一談。禪心是「妙明體」，窮盡、通達了「妙明體」之後，就不會觸犯或偏離大道，一切隨緣，並不須假借什麼力量。禪者的語言通脫不犯，就不會被般若大火燒著。參禪者會像古代大德們那樣潛行密證，連鬼神都莫測其跡。在修行的最高層次上，無身有事，去除了意想情識之我身，而勤求了卻生死大事，則自然會超出世俗歧路。等到了卻生死大事之後，已忘其為事，也無此假身，而融入無始無終無去無來的絕對本體之中。

曹洞宗正偏、君臣五位理論除了汲取了華嚴宗理事圓融論，以及《參同契》、《寶鏡三昧》的理事論外，還汲取了《起信論》的思想精華。正偏、君臣五位之說運用了本覺、不覺理論來說明參禪者在不同階位的悟道體驗。《起信論》的「一心二門」指出，真如有隨緣、不變兩個特質，真如之理體雖恒不變易，但隨緣則生出萬有，產生事相的變化，成為悟迷淨染的存在。隨緣，以顯現萬有差別之事象，靜中有動，為正中偏；不變，以隨順真如平等之理性，動中有靜，為偏中正。此正偏二者妙合而歸於一元，動靜不二，為兼中到，君臣道合，理事雙融。

五、洞山「功勳五位」偈

除了正偏、君臣五位之外，洞山又別立「功勳五位」之說，即向、奉、功、共功、功功。與「正偏五位」一樣，「功勳五位」的主旨也是用來衡鑑禪僧悟解程度的淺深。「向」、「奉」表示信仰的建立，但缺乏悟解；「功」、「共功」表示悟解的深入，尤其是在對外境（色法）的否定方面達到了一定水平。「功功」，表示徹悟，完全解脫，屬成佛作祖的境界。

「向」——據《人天眼目》卷3:「僧問師:『如何是向?』師曰:『吃飯時作麼生?』又曰:『得力須忘飽，休糧更不饑。』」詩云:

聖主由來法帝堯，禦人以禮屈龍腰。

有時鬧市頭邊過，到處文明賀聖朝。

「向」是趣向之意。《五家宗旨纂要》：「君向臣，父親子，亦正中偏也。」「吃飯時作麼生」，提示於日用動靜之間，對悟道大事不可須臾忘卻。「得力須忘飽，休糧更不饑」，只要全心趣向某事，則無暇計慮饑飽。古代聖君效法帝堯，按照一定的尺度治世，喻本體界自有其規律、法度。君主有時出現在街頭，但人們見了到處文明的太平景象，只知道謳歌聖朝，卻不識眼前的君主；參禪者雖然隱約知道本體界在發生作用，卻還沒有證入本體，落在偏界，還沒回到正位上來。

「奉」——「『如何是奉?』師曰：『背時作麼生?』又曰：『只知朱紫貴，辜負本來人。』」詩云：

淨洗濃妝為阿誰，子規聲裡勸人歸。

百花落盡啼無盡，更向亂山深處啼。

「奉」，是承奉之奉。《五家宗旨纂要》：「臣奉於君，子順於父，亦偏中正也。」「背時作麼生?」如果背（貪戀外境，禪宗謂之悖離本分），就不能「奉」，就是「只知朱紫貴，辜負本來人」。「奉」的程度，如同熱戀中的情侶，時時刻刻都把對方放在心上。佳人淨洗濃妝，閨中待婿；杜鵑留春啼血，花底催歸，喻參禪者洗盡世俗紛華，感應自然真的召喚，回到精神故園，明心見性。後二句有兩層喻義：⑴大道對參禪者早日歸家(喻悟道)的提醒。百花落盡，生意凋殘，道路迢迢，亂山橫亙，而鵑啼無歇，一似大道對參禪者的殷切呼喚。⑵求道而尚未得道。落英繽紛，觸目可見，但花底鵑啼，卻難以尋覓，縱是萬水千山走遍，也難睹芳蹤。象徵參禪者雖經多方求索（奉)，仍沒有得到大道本源。

「功」——「『如何是功?』師曰:『放下鋤頭時作麼生?』又曰:『撒手端然坐，白雲深處閒。』」詩云:

枯木花開劫外春，倒騎玉象乘麒麟。
而今高隱千峰外，月皎風清好日辰。

「功」，是修行的成就。《五家宗旨纂要》:「前此向時、奉時，情存取捨，尚落偏枯，猶未成功。到此渾身放下，撒手忘依，便能全身擔荷，徹底承當，內外一如，更無異體，正中來也。」《洞上古轍》卷上:「把鋤是有向、奉，放下鋤頭是不向、奉。由前向、奉之功，至此頓忘，故曰放下鋤頭也。」這時已證悟本體，於現象界一切，撒手不顧，在此白雲（喻現象界）繚繞的本體界中，端然而坐，無為閒適。既已泯滅現象界的一切，則枯木吐花於劫外，放出盎然春意；倒騎玉象與麒麟，來去瀟脫自如。此時顯發妙用，如同木馬嘶風，泥牛吼月。參禪者以往的身心，墮在紅塵之中，而今則超出塵世，高隱於千峰之外。在這迥超現象界的本體界中，月皎風清，光明一片，天機活潑地呈現。

「共功」——「『如何是共功?』師曰:『不得色。』又曰:『素粉難沉質，長安不久居。』」詩云:

> 眾生諸佛不相侵，山自高兮水自深。
>
> 萬別千差明底事，鷓鴣啼處百花新。

「共功」，是自己成就後去度化眾生。《五家宗旨纂要》:「前此功勳獨著，未得理事混融，此則體用雙彰，不住一色，所謂君臣會合，父子通同，黑白不分，兼中至也。」《洞上古轍》上:「共功者，諸法並興，故曰共。」所謂「不得色」，是指在此之時，絕對的空（「素粉」）消盡，諸法俱現，連「一色」（空）也不可得。如同在帝都長安取得功名之後，還必須到四方廣行教化。覺悟之人，不能停留在悟境、空境，而要重返現象界灰頭土面地去化導眾生。佛與眾生，均為假名，就本體自性而言，二者均無差異，如山之自高，水之自深，所以不必以佛為尊貴而以眾生為卑微；要在現象界的萬別千差中，顯示出本體的妙用，事理兼帶，體用不二，如同鷓鴣之啼，百花之新。❷

「功功」——「『如何是功功?』師曰:『不共。』又曰:『混然無諱處，此外更何求?』」詩云:

---

❷ 參《禪學與唐宋詩學》，第二一六頁。

頭角才生已不堪，擬心求佛好羞慚。
迢迢空劫無人識，肯向南詢五十三。

「功功」，指此功較前位之功為深，故稱功功。《五家宗旨纂要》:「前此大功並顯，內外齊彰，此則不落有無，不存賓主，及盡全時，迥超階級，上功字是功勳，下功字是不坐功勳，所謂功成而不處，故云不共，兼中到也。」前位還有「共」，而此位則不共，不但法不可得，而且連非法也不可得，所以說「此外更何求」。理事混然，本體界與現象界融為一體，並無隱藏之跡，功行不可思議，是禪悟的至境。參禪者只要一落形相（「頭角才生」），即非本體界之事，已屬不堪，若擬心求佛，更是假立名相、差別作為之事，甚為羞慚。這個絕對的本體自極為久遠的時間以來，無人能識能名。既臻此不可思議的悟境，又何須再像善財童子那樣，從事無窮無盡的參學？

六、曹山「五相」偈

為了配合說明君臣五位之旨，曹山又作了「五相」詩。其理論源頭，仍是石頭的〈參同契〉:「當明中有暗，勿以暗相遇；當暗中有明，勿以明相睹。明暗各相對，譬如前後步。」理與事、明與暗各自相對待而又統一於真如之體，如同人在行走時兩足有先有後，不可偏廢。

在〈參同契〉中，理與事、母與子、明與暗、尊與卑，都屬於超乎尋常哲理思辯的概念範疇。暗與明猶理與事（體與用），也如洞山後來過水睹影時所說的「渠今正是我，我今不是渠」，以影與形來說明體與用。

《寶鏡三昧》：「夜半正明，天曉不露。」夜半正明，指暗中有明；天曉不露，指明中有暗。明與暗這對禪學範疇，發展到洞山與曹山的五位禪法時，便出現了以黑白來表現明暗關係的五相詩。在洞山五位中，「夜半」、「不露」相當於正位，有平等性之意；「正明」、「天曉」，相當於偏位，有差別性之意。「夜半正明」與「天曉不露」，表示真如法性與森羅萬法彼此相入，互為一體之狀態。曹山五相詩，用黑色表示「正」（即「體」、「暗」），用白色表示「偏」（即「用」、「明」），以○代表自性，以●中之黑色代表本體界，（《正法眼藏》卷3：「又以黑白圈兒作五位形相，以全黑圈兒為威音那畔、父母未生、空劫已前、混沌未分事，謂之正位。」）以○中之白色代表現象界。只有在體用冥合、形影完全相合（明暗相合）的境界中，才達到了五位中的「兼中到」這一最高功位。據《曹山元證錄》，這五相詩是：

◓白衣須拜相，此事不為奇。
積代簪纓者，休言落魄時。

◓相當於正偏五位中之「正中偏」，背理就事。此時自性未明，只見事物，而不見理體。詩以科場來比喻，將未成佛前的眾生喻為尚無功名的白衣秀才。白衣秀才有拜相的希望，眾生有成佛的可能。此性人人具足，雖為白衣，尚未拜相，卻已是積代簪纓之後，不必因白衣落魄之時，而自悲自歎，傷拜相（喻成佛）之無望。參禪者在臣位、在現象界中，當知有明見自性的可能性。

◒子時當正位，明正在君臣。
未離兜率界，烏雞雪上行。

◒相當於正偏五位中之「偏中正」，捨事入理。參禪者在現象界中，已知自性之理，惟大事未明，知空而未能證空。古代君主於辰時上朝，如今在子時上朝，群臣未至，君主命令得不到施行，喻本位已顯露，但仍未發生作用。明白正位的關係，猶如明白君臣的關係。君主施令，臣子奉行。本體界發生作用，現象界顯示作用。本體界為君，現象界為臣。兜率界是欲界六天之第四天，此天有內外兩院，內院為未成佛者之居處。佛經謂彌勒於此宣說佛法，滿四千歲後即下生人間，成佛於龍華樹下。「未離兜率界」，謂參禪者境界尚未圓熟，還沒有見道成佛，因為他對理事關係證悟的程度，如烏雞行於雪上，黑白分明，尚未融為一體。烏雞黑色，喻本體或空界；雪白色，象徵現象界或色界。

⊙焰裡寒冰結，楊花九月飛。
泥牛吼水面，木馬逐風嘶。

⊙相當於正偏五位中的「正中來」，此時非染非淨，非正非偏，現象界不可能存在之事，在這裡都活潑潑地呈現出來，是見道時的「不可思議」的奇妙境。

○王宮初降日，玉兔不能離。
未得無功旨，人天何太遲？

○相當於正偏五位中的「兼中至」。禪者證悟自性之後，又轉身而出，接引眾生。「日」喻王子，王子初降王宮，指佛祖在王宮剛剛降生下來。曹洞宗講迴互，所以說有了太陽（佛祖、悟心）還不夠，還離不了月亮（玉兔、現象界）。「王宮」、「日」是正，「玉兔」、「月」是偏。佛經稱佛果為「無功」。悟者之所以沒有離開此現象界而住於佛位、聖境，是因為他不願躺在自受用上安享太平，而是悲智雙運，下化眾生，這才導致了人天合一、居於正位的延遲（實際是已從正位裡轉身出來）。

●渾然藏理事，朕兆卒難明。
威音王未曉，彌勒豈惺惺。

●相當於正偏五位中之「兼中到」。此時即事即理，即理即事，理事互攝，體用一如，以致於「朕兆卒難明」，看不到半點蛛絲馬跡。在這樣的境界中，無可說，無可名，不但作為歷史起始點的威音王不知道，就連那作為歷史終結點的未來佛彌勒，也照樣不清楚！

雲門宗禪詩

劫火洞燃，大千俱壞，

禪者卻可用它從容煮茗；

嵐風大作，摧山破海，

禪者卻可於中自在乘涼。

禪者觀看四大毒蛇組成的生命體，

宛如在觀賞一幕戲劇。

日月飛馳，侵蝕著生命的枯藤，

禪者對之也毫不在意。

個體生命回歸於滄海浩渺的月浸碧波，

回歸於高曠寒遠的純淨清白。

雲門宗宗風陡峻，以簡潔明快、不可擬議的手法破除參禪者的執著，返觀自心；以激烈的言辭，指點迷津，剿絕情識妄想。禪林往往以「雲門天子」、「雲門一曲」表示雲門宗風。雲門曲原為華夏古曲，曲調艱深，歌者難詠唱，聞者難領受，禪林中遂用來轉指難於理解的雲門宗風。雲門宗接化學人，猶如天子的詔敕，一次即決定萬機，不得再問再應，令人毫無猶豫之餘地，因而又有「雲門天子」之稱。

雲門宗的要義與精華集中體現於「雲門三句」，即「涵蓋乾坤」、「截斷眾流」、「隨波逐浪」。

一、涵蓋乾坤

在雲門宗看來，現象界的乾坤萬象，上至「天堂」，下至「地獄」，都是真如的顯現，由本體界變現而來，因此，事事物物，無一不是真如的「妙體」，猶如所有的星辰都朝向北斗一樣，道無所不在，匝地普天，山河大地即是真如。這是汲取了華嚴宗理事互徹、事事無礙的精髓。理在事中，事體現著理，而又各具個性，理事無礙，事事無礙。雲門宗對「涵蓋乾坤」的吟詠，主要表現在以下幾個方面：

其一，是「山水真如」。

山河大地、翠竹黃花、蕉葉雨吟都是自性的顯現，山山水水悉是真如，「月白風恬，山青水綠。法法現前，頭頭具足」。只要以一顆純明無染的素心去對應，便會沐浴在自然物象靜謐而明潔的光輝中，從而在風月山水中感受到永恒絕對的自性，並獲得「秋雲秋水，看山滿目。這裡明得，千足萬足」的圓滿自足。雲門宗指出，對山水真如的感悟，不僅要有一雙慧眼，還要有一雙慧耳（《五燈會元》卷16〈義懷〉）：

蜀魄連宵叫，鵽鳩終夜啼。
圓通門大啟，何事隔雲泥？

「圓通」是遍滿一切、融通無礙，指聖者妙智所證的實相之理。由般若智所體證的真如，圓滿周遍，作用自在，且周行於一切，稱為圓通。《楞嚴經》卷5載二十五位菩薩各具圓通，以觀世音之耳根圓通為最上。日夜啼叫的杜鵑、莎雞，都在開啟著遍布一切的悟入門徑，為什麼還觸目不會道，與了悟有雲泥之隔？雲門宗對見桃花悟道的靈雲甚為推崇（《五燈會元》卷16〈倚遇〉）：

春山青，春水綠，一覺南柯夢初足。
攜筇縱步出松門，是處桃英香馥郁。
因思昔日靈雲老，三十年來無處討。
如今競愛摘楊花，紅香滿地無人掃。

雖然山青水綠，桃紅似錦，但像靈雲那樣穎慧超悟的人太少，因為眾人都沉溺於「摘楊花」的玄想沼澤中去了。為了糾正這一偏頗，雲門宗禪詩尤其注重對自然物象作即物即真的感悟：「夜聽水流庵後竹，晝看雲起面前山」，「秋風聲颯颯，澗水響潺潺」，「雪霽長空，迥野飛鴻。段雲片片，向西向東」。物象飄逸空靈，心境淡泊悠閒。

其二，日用是道。

山河大地皆是真如，無所不在的道，不但存在於山河大地，也存在於禪者的日用之中。雲門曾徵引《法華經》「一切治生產業，皆與實相不相違背」之語開示學人。經文意旨是一切為生活所做的事都是佛事，一切世間法，都是佛法，並不一定要脫離人世，超塵絕俗，到深山古廟裡苦修，才是佛法。各種生活方式，都與實相不相違背，同形而上的大道，並沒有牴牾。這是《法華經》的要點。雲門宗汲取大乘經典神髓，強調在生活中體悟大道，在「缽裡飯，桶裡水」中體證「塵塵三昧」。「三昧」是一個人的心境完全與某物混然而成為一體時的境界。透過缽飯桶水這些生活中的細枝末節，可以體證到簡單化到極點、純一化到極點的禪心。雪竇頌「缽裡飯，桶裡水」說（《碧巖錄》第50則）：

缽裡飯，桶裡水，多口阿師難下嘴。
北斗南星位不殊，白浪滔天平地起。
擬不擬，止不止，個個無褌長者子。

雪竇當頭便頌道「缽裡飯，桶裡水」，可謂言中有響，句裡呈機，隨後又鎖斷要津，指出「多口阿師難下嘴」，說如果誰想向這裡求玄妙道理，反而難以開口。這是先用斷絕思量的「把定」手法截斷學人的妄念，又慈悲心切，放開一線，為初機學者明明白白地頌出，好讓他們有個悟入之處：北斗依舊在北，南斗依舊在南，山只是山，水只是水。如果忽然間「白浪滔天」，平地起波瀾地生出各種議論，就好像《法華經》中那個不知自家有無價珍寶，卻外出流浪，窮得連褲子都沒得穿的長者子一樣。

雲門宗特別重視平凡恬淡的平常心，主張將奇特返於自然，凡聖一如，淨穢不二。雲門宗的俗家弟子趙抃年老致仕，親舊里民，遇之如故，趙抃遂作高齋以自適，並題詩見意（《五燈會元》卷16）：

腰佩黃金已退藏，個中消息也尋常。

世人欲識高齋老，只是柯村趙四郎。

詩意謂高齋老不復是往日的顯宦，而只是普普通通的「趙四郎」，表現了奇特返於自然、至味歸於平淡的悟心。既然平凡的世界與了悟的世界無二，則深入平凡世界的煩惱之中，即可證得菩提。因此，雲門宗主張縱身煩惱之流，「十字街頭鬧浩浩地，聲色裡坐臥去，三家村里，盈衢塞路，荊棘裡遊戲去」，「但向街頭市尾、屠兒魁劊、地獄鑊湯處會取」，「美玉藏頑石，蓮華出淤泥。須知煩惱處，悟得即菩提」。在污濁、痛苦之中，方能獲得生命的靈性昇華。

雲門宗將玄妙莫測的佛祖境界，置放於山山水水、行住坐臥之中，指向了一切現成、本來無事的詩禪感悟。並運用金剛般若，隨說隨掃，進一步指出，連了悟的意念都不能有，否則又會陷於新的迷執。雲門指出，「人人自有光明在，看時不見暗昏昏」，自性光明燦爛，但如果把它視為對象而生起執著，眼前又會一團漆黑，無從看出它的光明。不僅對聖境要「放下」，對「放下」也要放下。以「無事」掃除有事，既掃除之後，連「無事」的本身也要掃除，否則說個「無事」，「早是多事了也」。若沖詩云：

碧落靜無雲，秋空明有月。
長江瑩如練，清風來不歇。
林下道人幽，相看情共悅。

詩中流露了無事恬淡充滿法喜的心情，但他剛一吟完，又擔心聽者心生耽著，便立即予以掃除說：「適來道個清風明月，猶是建化門中事」，並指出，真正的得道之人的心境，是「閒來石上觀流水，欲洗禪衣未有塵」，是連「無事」的悟心都自然而然地脫落了的純乎天運的自在自為。

其三，水月相忘。

在雲門宗人看來，道無所不在，通過種種聲色表現出來，而世人由於眼耳等感覺器官的黏著性，妨礙了悟道：「風雨蕭騷，塞汝耳根。落葉交加，塞汝眼根。香臭叢雜，塞汝鼻根。冷熱甘甜，塞汝舌根。衣綿溫冷，塞汝身根。顛倒妄想，塞汝意根。」六根膠著外物，對詩禪感悟形成了障蔽，「參玄之士，觸境遇緣，不能直下透脫者，蓋為業識深重，情妄膠固，六門未息，一處不通」。由於六根等的黏著性，使得它不能收攝法身，從而產生了法身「六不收」的情形。如果想究竟「六不收」的本源，唯有自己開拓不可思量、不可言說的境地。於是，一方面要即聲即色，日用是道，一方面又要超聲越色，直契本體。體現雲門宗無住生心的美學範式是水月相忘，表現了雲門宗擺脫六根黏著性所獲得的澄明感悟：

> 天衣懷禪師說法於淮山，三易法席，學者追崇，道顯著矣，然猶未敢通名字於雪竇，雪竇已奇之。僧有誦其語彙，至日「譬如雁過長空，影沉寒水。雁無遺蹤之意，水無留影之心」，雪竇拊髀歎息，即遣人慰之。懷乃敢一通狀，問起居而已。（《林間錄》卷上）

志璇也教導學人：「竹影掃階塵不動，月穿潭底水無痕。」以無心明月映照無心潭水，即可產生水月相忘的直覺感悟。水月相忘的直覺感悟，來自於雲門宗禪人對《楞嚴經》等大乘佛典的修養。《楞嚴經》卷10：「觀諸世間大地山河，如鏡鑑明，來無所黏，過無蹤跡，虛受照應，了罔陳習，唯一精真，生滅根元，從此披露。」謂參禪者臻此境界，看世間萬事萬物，如同大圓鏡中映現萬物一樣。這種功夫境界，如燈光照徹萬象，物來斯應，過去不留。「應物現形，如水中月」，「冷似秋潭月，無心合太虛」，「離婁有意，白浪徒以滔天。罔象無心，明珠忽然在掌」。只有「無心」，擺脫六根的黏滯性，才能性水澄明，心珠朗耀。一旦起心動念，澄明心湖就會掀起滔天巨浪，直覺觀照也無法進行。只有使心如靜水朗月，才能產生水月相忘式直覺。

雲門宗人對生死的感悟，生動地體現了水月相忘的直覺體悟特徵。法明詩云（《五燈會元》卷16）：

平生醉裡顛蹶，醉裡卻有分別。
今宵酒醒何處？楊柳岸曉風殘月。

法明悟後返鄉，經常喝得大醉，歌柳永詞數闋，臨終前誦柳詞作訣。所謂「醉」，即是將世俗的觀念摒除，使禪悟主體得以全神貫注地、不帶功利眼光地靜觀對象，但此時「卻有分別」，一切都明歷歷露堂堂，盡呈眼前。酒醒之時，即是生命的圓成解脫之時，觀照主體與觀照對象渾然相融，打成一片。可遵的禪詩，更是用禪悟的慧眼，從容地靜觀生命現象的遷變（《五燈會元》卷16）：

禾山普化忽顛狂，打鼓搖鈴戲一場。
劫火洞然宜煮茗，嵐風大作好乘涼。

四蛇同箧看他弄，二鼠侵藤不自量。

滄海月明何處去，廣寒金殿白銀床。

禾山打鼓，普化搖鈴，都是以特殊的方式，表達對生命的深邃感悟，體現了去住一如的平常心。因此，劫火洞燃，大千俱壞，禪者卻可用它從容煮茗；嵐風大作，摧山破海，禪者卻可於中自在乘涼。禪者觀看四大毒蛇組成的生命體，宛如在觀賞一幕戲劇。日月飛馳，侵蝕著生命的枯藤，禪者對之也毫不在意。個體生命回歸於滄海浩渺的月浸碧波，回歸於高曠寒遠的純淨清白。

二、截斷眾流

「截斷眾流」指截斷奔駛疾馳的情識心念，指示參禪者不用語言意識把握真如，而要返照自心，以獲得頓悟。不管參禪者帶來多少難題，法眼通明的禪師對它們都視如塵埃，隨便用一個字或一句話就把問題堵回去。如果學人還想開口論玄論妙，就採用更為峻烈的手段使他的情識計較冰消瓦解。雲門一字關最能體現截斷眾流的特色。雲門化導學人時，慣常以簡潔的一字道破禪的要旨，禪林美稱為雲門一字。這些答非所問的一字，如鐵山橫亙在面前，使參禪者湍急奔馳的意念之流陡然中止，即便是佛祖也無法開口。在窄不通風的關口，讓參禪者脫離原來的思路，於片言隻語之際，迥超言意，以消除知見妄想，掃除情識，徹見本心。

雲門宗對津津於參禪問答的形式主義之風，以截斷眾流來加以破除，對滔滔不絕談禪說法的風氣加以批評。雲門指出那些執著於公案、語錄、問答、機鋒的人，是沒有真參實證的「掠虛漢」，他們「食人涎唾，記得一堆一擔骨董，到處馳騁驢唇馬嘴，誇我解問十轉五轉話」。雲門對尋言逐句者進行了辛辣的嘲諷，之所以有這樣的批評，是因為「從門入者，不是家珍。認影迷頭，豈非大錯?」從感官之門得到的知識，都是與自性悖離的見解。因此，雲門宗反覆強調，參禪求道只能返求諸己，不能向外求覓。向外求覓，只能拾人牙慧。「凡有言句，盡落有無」，任何言語，只要有意路可尋，都落入了相對的二分法之中，是死語而不是活語。為了獲得般若體驗，必須摒棄對言語的執著。守億詩云（《五燈會元》卷15）：

馬祖才陞堂，雄峰便捲席。
春風一陣來，滿地花狼藉。

馬祖陞堂，百丈捲席，猶如一陣春風，將言辭的浮華吹落淨盡。在雲門宗看來，師家的引導只是開悟的方便，開悟之後，便不再需要師家的開示了。雲門宗對語言的摒除，歸根於他們對自性圓滿自足的自信，在雲門宗看來，「向外邊學得千般巧妙，記持解會，口似傾河，終不究竟，與汝自己天地差殊」。

雲門宗反對膠著於語言文字、公案機鋒，但離開了語言文字、公案機鋒，禪心悟境又難以傳達，無法進行交流。於是，雲門宗在反對膠著於語言文字的同時，也為語言文字留下了一席之地。雲門宗要求學人善於參究領悟，不「承言」、「滯句」，以便透過宗師舉止、語言文辭的暗示性與多義性，去領會宗師的悟心。緣此雲門宗提出了「参活句，不参死句」原則：「但参活句，莫参死句。活句下薦得，永劫無滯。一塵一佛國，一葉一釋迦，是死句。揚眉瞬目，舉指豎拂，是死句。山河大地，更無誵訛，是死句。」正面闡釋禪旨的句子乃至於公式化的舉止稱為「死句」，不涉理路、繞路說禪而看不出意義的句子才是「活句」。参活句旨在使人不執著於語言文字、行為舉止本身的意義，洞曉佛性的不可解釋性（《古尊宿語錄》卷18〈辨親疏〉）：

黑豆未生前，商量已成顛。
更尋言語會，特地隔西天。

「黑豆」是文字的形象比喻。當語言文字還沒有形成之前，只要生起了意識，就已與大道乖離。如果再咬嚼言句，與見性更是遙隔西天。因為活句根本就不是能夠憑意識情念去参究的。参活句，旨在使参禪者回歸於不容情塵意垢的前語言境域。

截斷眾流，促成了懸崖放手、絕後再蘇式的頓悟。雲門宗強調不落心機意識的妙悟、超悟：「舉不顧，即差互。擬思量，何劫悟?」「不露風骨句，未語先分付。進步口喃喃，知君大罔措。」僧問雲門如何是「一代時教」，雲門答以「對一說」。世尊住世八十年，其中四十五年間說法度人，一代時教絕非一時能夠述說。雲門答以「對一說」，超出言筌，直指心性，而將一代時教包含無遺。然而如果僅從語言文字或理論義解作揣測，絕不能探知雲門的真意。故圓悟批評時人多錯會雲門「對一說」之意，說有的理解為對一時機宜所說之法，有的理解為森羅萬象皆是一法之所印，殊不知雲門之意絕非如此。雲門使用的是截流之答，對此如果仍然妄加揣度，則無異於胡餅裡討汁，掘地覓青天。

其二，意象對峙。

為了截斷意路，雲門宗設置了觸背關：「若道是拄杖，入地獄；不是拄杖，是什麼?」「若道是拄杖，瞎卻汝眼；若道不是拄杖，眼在什麼處?」通過是與非的意象對峙，將學人的思維逼到絕境。只有突破觸背關，才能躍入「識情難測」的「非思量處」。非思量處，不落相對有無之境。「天地之前徑，時人莫強移。個中生解會，眉上更安眉。」在呈現於「天地之前」的現量境裡，沒有二元意識存在的餘地，一切天地既分之後看似對立的意象，都併存不悖，都「匪夷所思」（分別見《五燈會元》卷15〈曉聰〉、〈元妙〉）：

井底生紅塵，高峰起白浪。
石女生石兒，龜毛寸寸長。

黃昏雞報曉，半夜日頭明。

驚起雪師子，瞠開紅眼睛。

值此一片「天地黑」之時，不但「雪嶺泥牛吼」、「雲門木馬嘶」，而且「東山水上行」、「面南看北斗」。雲門宗禪人頌「面南看北斗」說：「天不高，地不厚，自是時人覷不透。但看臘月二十五，依舊面南看北斗。」在天地既分之後，看北斗星自然要朝著北方。但雲門卻「面南看北斗」，這是因為他所面的「南」已不是具體方位的南。東西南北都是人定義出來的座標。站在絕對無的立場，這種座標就失去其意義。從無心的世界來看，雖有高興、傷心、愉快，但事實上是將一心分為各種心而已，根源的心既不是喜悅的心，也不是憂鬱的心，心的根源處沒有喜怒哀樂，沒有東西南北，所以「面南」可以看到「北斗」。

三、隨波逐浪

「隨波逐浪」，既有春生夏長、船子下揚州式的隨緣適性，又有應病與藥、擒縱予奪的隨機接引。

其一，隨緣適性。

雲門宗表示隨緣適性的禪詩，以散聖《西來意頌》為代表（《五燈會元》卷15〈散聖〉）：

因僧問我西來意，我話居山七八年。
草履只栽三個耳，麻衣曾補兩番肩。
東庵每見西庵雪，下澗長流上澗泉。
半夜白雲消散後，一輪明月到床前。

「『草履只栽三個耳，麻衣曾補兩番肩』，蓋謂平常心是道，饑來吃飯，睏即打眠之意。……『半夜白雲消散後，一輪明月到窗前』，以白雲喻『色界』，明月喻『自性』清淨，參透色界，方諸翳盡去，本性清淨，圓融頓現，如明月一輪，當窗朗照也。」❶這首詩的精髓，是「但自無事，自然安樂，任運天真，隨緣自在」。雲門宗對隨緣任運的生活方式和精神境界尤為看重：「枕石漱流，任運天真。不見古者道，撥霞掃雪和雲母，掘石移松得茯苓。」雲門宗將「長連床上吃粥吃飯」作為「十二時中」應有的「用心」，將「光剃頭，淨洗缽」作為「十二時中」應有的「履踐」，將「早朝不審，晚後珍重」作為「平常心」，都反映出雲門宗佛法就在日用之中的感悟。這是一種簡單化純一化到極點的生活。「放卻牛繩便出家，剃除鬚髮著袈裟。有人問我西來意，拄杖橫挑羅哩羅。」在無意義、無音韻的曲調中，流露出最深邃的意義和最圓整的韻律。

對隨緣自適的生活方式，雲門宗禪詩通過饑餐睏眠的隱士、自得其樂的漁人、快樂無憂的牧童來表現：「雲居不會禪，洗腳上床眠。冬瓜直儱侗，瓠子曲彎彎」；「饑餐松柏葉，渴

❶ 《禪學與唐宋詩學》，第二五四頁。

飲澗中泉。看罷青青竹，和衣自在眠」；「旋收黃葉燒青煙，竹榻和衣半夜眠。粥後放參三下鼓，孰能更話祖師禪」。直者任他直，曲者任他曲，饑餐渴飲，純乎天運。「有工貪種竹，無暇不栽松」，則堪稱任運天真的隱士風範。「漁翁睡重春潭闊，白鳥不飛舟自橫」，則以漁人息卻機心，酣睡於浩渺春潭，沉醉在天地恬靜之中的景象，傳達出參禪者機心全泯灑脫安詳的悟心。雲門宗禪詩中的牧童形象，更是隨緣自適、快樂無憂的範型（《五燈會元》卷16〈守恩〉、〈應圓〉、〈慧光〉）：

雨後鳩鳴，山前麥熟。
何處牧童兒，騎牛笑相逐。
莫把短笛橫吹，風前一曲兩曲。

寒氣將殘春日到，無索泥牛皆踍跳。
築著昆侖鼻孔頭，觸倒須彌成糞掃。
牧童兒，鞭棄了，
懶吹無孔笛，拍手呵呵笑。
歸去來兮歸去來，煙霞深處和衣倒。
不用求真，何須息見？
倒騎牛兮入佛殿。
羌笛一聲天地空，不知誰識瞿曇面。

這是一幅野趣牧牛圖。在成熟的秋季或和暖的春天，新雨鳩鳴，秋山麥熟，煙霞深處，天地空明。牧童們嬉笑相逐，和衣眠雲，倒騎牛背，不識佛祖，無妄無真，與「無索泥牛」、天然野趣渾成一體，隨緣任運，一片化機。

其二，對機接引。

圓悟解釋「隨波逐浪」說：「若許他相見，從苗辨地，因語識人，則隨波逐浪也。」雲門宗人一方面注意斬斷語言葛藤，不立文字，一方面又順應學人的根機運用語言接化，所謂「山僧不會巧說，大都應個時節」。可見雲門對機接引時活潑無礙、機輪圓轉的風致。緣密〈委曲商量〉云（《古尊宿語錄》卷18〈附緣密頌〉）：

得用由來處處通，臨機施設認家風。
揚眉瞬目同一眼，豎拂敲床為耳聾。

適應學人的根機而施行的種種方法手段（「臨機施設」），像「揚眉瞬目」、「豎拂敲床」這類禪機接引，都是為了不明大法者（「耳聾」）權且設立的方便而已。雲門宗對參學者應機說法，十分注意根據不同的對象採取不同的教學方法，隨物應機，不主故常。僧問雲門什麼是超佛越祖之談，雲門說：「蒲州麻黃，益州附子。」蒲州麻黃，益州附子，都是道地的藥材，雲門意為要回答什麼是超佛越祖之談，得看具體情況，對症下藥。禪宗語錄中，對「什麼是祖師西來意」、「什麼是佛」之類問題的回答，千奇百怪，不但每一個禪師的回答互不相同，而且同一禪師對不同學人的回答也互不相同，甚至同一禪師對同一學人的回答也先後不同，這在一定程度上體現了隨波逐浪不主故常的接機特色。

「雲門三句」雖然各有其強調的重點，但這僅是方便權宜，雲門同時又強調「一鏃破三關」，其示眾答問，往往出以一字或一句，而在一字或一句中，又含有「三句」之意，故圓悟謂「雲門一句中，三句俱備，蓋是他家宗旨如此」，「一句中具三句，若辨得，則透出三句外」。雲門宗禪詩可充分印證這一點。如志璇的詩:「瘦竹長松滴翠香，流風疏月度炎涼。不知誰住原西寺，每日鐘聲送夕陽。」(《五燈會元》卷16〈志璇〉) 既有松竹風月鐘聲夕陽皆菩提的第一句，又有全然忘機超越物我的第二句，又有日日是好日隨緣適性的第三句，同時，它又不是三句中任何一句所能包括得了的，跳出三句外，不在階級中，從而呈現出脫落身心、廓爾忘言、清機自遠的澄明悟境。由此可見，一即三，三即一。雲門三句的詩禪感悟，通過詩歌形象表現出來，形成了山水真如、日用是道、水月相忘、阻絕意路、意象對峙、隨緣適性、對機接引的美感特質，為禪林詩苑增添了一筆豐厚的精神財富。

法眼宗禪詩

在日用之中，條條大道都通向了悟之途，

禪者以般若無知的觀照，保持著湛然寧靜。

於是，

在「愁殺人」的日用中，有快樂的「無憂佛」，

在「生死」的苦海中，有「涅盤」的智光。

在中國禪宗五家中，最為晚出的是法眼宗。由於它的開創者文益(885～958)圓寂後，被南唐中主李璟諡為「大法眼禪師」，後世遂稱此宗為法眼宗。法眼宗的宗風「簡明處類雲門，穩密處類曹洞。其接化之言句，似頗平凡，而句下自藏機鋒，有當機覿面而能使學人轉凡入聖者」。❶文益參地藏院羅漢桂琛而得悟。其悟道因緣，對他禪學思想的形成有很大影響，形成了「般若無知」、「一切現成」的法眼宗風。

一、般若無知

在法眼文益悟道因緣中，「不知最親切」最有意味。其理論基石是「般若無知」。東晉僧肇的〈般若無知論〉指出，般若（「聖智」）和通常人的認識（「惑智」）有本質不同。通常人所講的知，是對現象界片斷的、虛幻的對象的認識，而現象界本身則是虛幻不實的。惑智用來認識、分析現象界，它承認主客觀的存在，承認邏輯思維、推理作用；而般若則是神祕的直觀。般若不同於惑智，它無知而無所不知，是洞察一切、無所遺漏的一切知，是最全面最高的智慧。它觀照的對象不是任何具體的客觀事物，而是無相的真諦，觀照活動不需要經過任何感覺思維，不必借助任何語言、文字。《般若無知論》指出，般若不是世俗意義上的知識、見聞。真諦的

❶ 正果法師，〈禪宗大意〉，見《禪宗歷史與文化》，第一九六頁，黑龍江教育出版社，一九八八年版。

特性是大全，對於大全，任何世俗之知都僅能知其部分，在知的同時勢必會出現不知，而聖人無知，不進行世俗的感知，所以可避免世俗之知的片面性。僧肇還引用《維摩經》中寶積菩薩「無心無識，無不覺知」之語，來說明取消心意、取消知識，反而無所不知、無所不察的般若直觀的特性。「般若無知」的宗風，使得法眼宗禪詩具備了色相全泯、觸目菩提、直覺意象原真地呈顯的美感特質。

㈠色相俱泯，觸目菩提

般若無知，「不知最親切」，由世俗之知昇華到般若的無知，即是參禪最親切的悟入之處。法眼宗認為，般若之知貴在當下頓悟，不容擬議思維。「摩訶般若，非取非捨」，般若觀照是神祕的直觀，它「思量不及。設爾思量得及，喚作分限智慧」。思量而得的知，只是部分的、有限的、不連貫的世俗之知。學僧問延壽如何會取永明家風，延壽說：「牛胎生象子，碧海起紅塵」，超越了思量取捨，純粹是直觀之境。僧問什麼是延壽禪法的玄妙之處，延壽作偈以答：

> 欲識永明旨，門前一湖水。
> 日照光明生，風來波浪起。

人人門前皆有一湖水，這就是清純無染的自性。自性不被惑亂時生起的直覺觀照，即是般若無知，猶如日照湖面，水日相鮮，光輝明潔；當運用世俗之知時，自性遭受惑亂，猶如湖水不再平靜，波翻浪湧，映照在其中的景象也支離破碎，人對萬物遂失去了澄明感應。基於對世俗之知與般若無知之不同情境的充分體認，法眼宗首先注重對世俗之知予以徹底的清除。清除了知見之後，山水自然呈現於觀照主體的，已不是外在的色相，而是觀照者內在的真如佛性之美。觀照主體泯除了心念意識，水月身心，通體澄明。此時洞觀萬象，所見所聞悉是真如自性的流露。

《五家宗旨纂要》以「聞聲悟道，見色明心」來概括法眼宗風。幻色不礙真空，真空不礙幻色。色空無礙，空有一如，即可擺脫情塵欲累，從而領悟到佛法一切現成，在山水自然之中，都呈露著真如：「森羅萬象，是善財之宗師；業惑塵勞，乃普賢之境界。」業惑塵勞，日用是道；森羅萬象，見色明心。本先〈見色便見心〉頌云：

> 若是見色便見心，人來問著方難答。
> 更求道理說多般，孤負平生三事衲。

見色「便」明心，必須直下頓悟，所以不能思量計較。如果擬議思維，即與真諦相悖。

幻色非真色，菩提性宛然。色相俱泯之時，觸目無非菩提。故法眼宗指出，山水自然都是佛性的顯現，應當用澄明襟懷來感應：「幽林鳥叫，碧澗魚跳。雲片展張，瀑聲嗚咽。

你等還知得如是多景象，示你等個入處麼?」在法眼宗看來，「山河大地是真善知識，時常說法，時時度人」，「山河大地是上座善知識。放光動地，觸處露現」。在這種理念的支配下，法眼宗禪詩表達了觸目菩提的悟境（分別見〈遇安〉、《林間錄》卷上）：

欲識曹溪旨，雲飛前面山。
分明真實個，不用別追攀。

撲落非他物，縱橫不是塵。
山河及大地，全露法王身。

「曹溪旨」即佛法大意。真如實相，不在別處，就在眼前生動地呈顯著的自然物象之上，它真真切切地展露著自性的最深奧秘，不可捨此他求。次首是洪壽聞墜薪有省而作的悟道偈。洪壽於墜薪之際，聽到了清脆的響聲，頓時豁開耳根，一根返源，六根解脫，靈光乍現，頓悟本來，徹見山河大地悉真如的妙諦。法眼宗人指出，由於人們受各種世俗習染的障蔽，縱是面對清明景色，也很少有人能夠欣賞：「傷夫人情之惑久矣，目對真而不覺。」由於情迷自惑，縱然面對自然山水，也不能領悟其中顯露的真如。文益詩云（《古尊宿語錄》卷22〈法演〉引）：

幽鳥語如篁，柳搖金線長。
煙收山谷靜，風送杏花香。
永日蕭然坐，澄心萬慮忘。
欲言言不及，林下好商量。

無情有佛性，山水悉真如。由於世人心為境遷，黏著事相，遂使心為境縛。而禪者泯除了世俗之知後，即可對山水真如作原真的感悟。幽鳥綿蠻，聲如修竹吟風；嬌柳婀娜，柔條摩娑春池。山嵐漸漸收起她的雲綃霧縠，春日的山谷幽靜而寧謐。暖風輕拂，飄來縷縷沁人心脾的花香。詩人留連永日，蕭然禪坐，澄心內照，物我一如，所有擾亂心志的情絲意絮，都自然而然地沉澱了，消泯了。此時所見所聞，無非自性。此中有真意，欲辯已忘言。對個中三昧，用言語來表達尤嫌拙劣，只有同得林下清趣之人，才能夠充分欣賞。

㈡直覺意象，現量呈顯

般若無知超越邏輯思維，表徵般若無知的意象是直覺意象。邏輯思維的基石是二元對待。要突破邏輯思維，就必須用般若的倚天長劍，將相對的兩頭一齊截斷。在法眼宗看來，本體絕對，著不得任何語言的塵屑；法身無形，一落言筌，即成應身；第一義不可說，一涉言語，就墮入了第二義。絕對的本體，如果被當作對象來觀看、言說，便成了被看、被說的客體，如此一來便構成了主客對立，這樣的本體就不再是絕對的了。文益告誡弟子:「微言滯於心首,嘗為緣慮之場;實際居於目前,翻為名相之境。」萬物都自然而然地以其本來面目,明明白白地呈現在人們眼前,卻被人們變成了名相。要想認識萬物的本來面目,就不能於萬物之外別求解脫,不能陷入名相的沼澤。

為了表達智性的絕境,法眼宗在錘煉學人時,經常運用鎖口訣。法眼宗認為第一義不可言說,一開口便落入了第二義。鎖口訣的運用便是為了截斷學人的取捨之心。法眼宗禪人運用鎖口訣,在學人一張口時,就迅速地將他的嘴鎖住,將剛剛生起的二分意識逼回到它還沒有產生的原點。斬釘截鐵,毫不拖泥帶水。學人問用清如何是鎖口訣,禪師說:「遍天遍地。」並有詩云(〈用清〉):

雲蓋鎖口訣,擬議皆腦裂。
拍手趁虛空,雲露西山月。

「鎖口訣」阻絕了一切可能生起的分別妄想。阻絕分別妄想,使虛靜的心靈詩意般地開張,即可使參禪者在清輝遍地的西山明月上感受到佛法大意。

二、一切現成

文益悟道機緣中,知性的努力臻於極限,山窮水盡之際,驀地透露出言語道斷、心行處滅的絕好消息，這時桂琛才告訴他：若論佛法，一切現成。「一切現成」成了法眼宗宗風顯明的特色。呂澂先生說，「從他（法眼文益）的門庭設施來看，（其宗風）可以說是『一切現成』，也就是說，理事圓融並非人為安排，而本來就是如此，所以他們的宗眼就是『現成』。」❷

與「一切現成」相聯繫的禪學感悟是「本來現成」，它是「一切現成」的基礎。在禪宗史上，較早地提出本來現成觀點的是神照本如。他所作的開悟詩說：「處處逢歸路，頭頭達故鄉。本來成現事，何必待思量。」佛性本來現成，只需頓悟而不可思量計較。「一切現成」側重真如本體的遍在性，「本來現成」側重禪悟主體佛性的原本自足。「本來現成」注重向真如理體的回歸，回歸本來；「一切現成」更注重對目前「一切」的感悟，注重當下。「佛法現成，一切具足。豈不見道圓同太虛，無欠無餘。」正是在「本來現成」的基礎上，形成了法眼宗「一切現成」的宗風。「一切現成」的宗風，使得法眼宗禪詩具備了日用是道即凡即聖的美感特質。

「一切現成」的宗風注重當下性，側重於證悟當下即在的生命情境。法眼宗所要證悟的禪理是一種當下即在的東西，因而法眼宗的禪師們在教禪學禪、接引參禪者時，最常用的方法是把參禪者的注意力隨時隨地引向現在和這裡，指示他們時刻關注這當下即在的東西。法眼宗繼承僧肇「觸事而真」思想，指出一切皆是道，在日常生活之外，並不存在著另外

❷《中國佛學源流略講》，第二四五頁。

的真理。文益指出，一切皆是道，在日常生活之外，並沒有什麼與道相合的東西。法眼阻雪時，曾與同行的人研討過《涅槃無名論》。僧肇主張，不離開現世界的煩惱，而證得菩提涅槃；不離開濁世，而進入佛國。發生這種轉折的關鍵在於能否妙悟。而能否妙悟的關鍵，又在於能否「即真」，在現實世界的平凡事物上，感受到永恒的真理。能夠「即真」，就能將有無、物我打成一片，天地與我同根，萬物與我一體，觀照者即可擺脫情塵欲累，使六合萬有盡入心境，使玄妙的根性脫離曠劫的無明習氣，在動蕩遷轉的現象界中保持心靈的寧靜。處有不有，不被有所拘束；居無不無，不被無所沉溺。從而超出動靜、有無，獲得心靈的自在圓滿。長慶慧棱曾作〈悟解頌〉（《景德傳燈錄》卷十八〈慧棱〉）：

萬象叢中獨露身，唯人自肯乃方親。
昔時謬向途中覓，今日看如火裡冰。

此偈後來成為法眼宗禪人參究的常用話頭。人世間的一切萬法有善有惡，而禪者善知諸法的善惡淨染種種差別性，不起分別心，不褒美善法，也不揚棄惡法，將一切對待差別都蠲除蕩滌，這時便湛湛然彷彿獨自露身於萬象之中。文益還指出，六根所接觸者皆為真理，只要不生分別，隨緣而行，則一切都是道。因此，「如何是禪？三界綿綿，如何是道？十方浩浩」。在現實生活中，時時處處都可以參悟禪道。僧問曉榮如何是日用事，禪師作詩以答（〈曉榮〉）：

一念周沙界，日用萬般通。
湛然常寂滅，常展自家風。

在日用之中，條條大道都通向了悟之途，禪者以般若無知的觀照，保持著湛然寧靜。於是，在「愁殺人」的日用中，有快樂的「無憂佛」，在「生死」的苦海中，有「涅槃」的智光。法眼宗運用僧肇「江河競注，日月旋流」的般若直觀來回答什麼是「不遷義」，將「暑往寒來」、「春夏秋冬」作為不遷義，將「飛飛揚揚」作為不動尊，表達了在動盪遷變的現實生活中保持心性澄湛寧靜的感悟。

三、法眼宗禪詩與大乘佛典

禪宗五家七宗都重視教外別傳，同時對佛教經典也給予了充分的注意。從法眼宗的禪修實踐來看，法眼宗對經典最為看重，並擅於熔鑄經典義理而形成自己的宗風特色。五家七宗中，其他諸宗多是以開創者弘法之地來作為該宗的名稱，唯獨法眼宗是用文益的諡號「大法眼」來命名，顯示了法眼宗注重佛法眼目的特色。文益〈因僧看經〉偈云（《法眼錄》）：

今人看古教，不免心中鬧。

欲免心中鬧，但知看古教。

這首禪偈表明了法眼宗對經典的基本態度：既不迷信經典，又很重視經典。三乘十二分教，數如恒沙，名相繁複，研讀這些卷帙浩繁的佛經，容易陷在名相的沼澤中，難以通曉其義，佛經反而成了悟道的「理障」，使修行難以圓滿。但是，如果不研讀佛經，沒有理論的指導，修行又會成為盲人摸象，容易誤入歧途。因此，要想獲得正法眼，就必須研讀古教。於是，研讀佛經遂成了法眼宗的明確主張。玄本見僧看經，作頌說：「看經不識經，徒勞損眼睛。欲得不損眼，分明識取經。」研讀佛經，貴在「識」經，以一雙慧眼領略經文所傳達的佛心，否則就是白費精力。

其一，吟詠楞嚴三昧的禪詩。

《楞嚴經》七處徵心、八還辨見兩大公案，明白指出墮入煩惱窠臼者，都是心目為咎。要脫離心目的桎梏，才能獲得心靈的自由，它的要旨在於「聞心」「見性」，亦即刊落聲色，明心見性。見聞之性、自性有周遍、大全、不滅的性質，參禪者要「隨緣無作，動寂常真」，在隨順時節因緣、或動或寂中，保持自己的純真清明的本性。

清除知見是楞嚴三昧的重點。遇安禪師閱《首楞嚴經》，到「知見立知，即無明本。知見無見，斯即涅槃」，遂破句讀為：「知見立，知即無明本。知見無，見斯即涅槃。」有人提醒他：「破句了也。」遇安卻說：「此是我悟處，畢生不易。」

時人稱為安楞嚴。遇安的改動，將知見徹底清除出禪悟之門，與法眼宗「般若無知」的宗風合若符契。遇安臨終前作偈示弟子（〈遇安〉）：

> 不是嶺頭攜得事，豈從雞足付將來。
> 自古聖賢皆若此，非吾今日為君裁。

既不是大庾嶺頭達摩初祖將禪法攜來東土，也不是迦葉尊者會心一笑就將禪道繼承下來。因為迦葉得法、祖師傳法，都是表象，而禪宗慧命得以延續的真正原因，乃在於對知見的破除，獲得心靈的自由與解脫。「非吾今日為君裁」，並不是遇安故意要裁開原有的句讀，而是因為「自古聖賢皆若此」。禪不在知見文字之中，又怎可尋章摘句拘泥於經文？進行創造性「誤讀」，用佛經來印證悟心，正是禪宗一貫的創造性本色。悟心不立知解。朋彥博學強記，自恃精於《楞嚴經》，向慧明詰難，慧明引《楞嚴經》「一人發真歸源，十方虛空悉皆消殞」之語相詰：「今天台山嶷然，如何得『消殞』去!」朋彥無法對答。可見，僅憑知解是難以得楞嚴三昧的。文遂嘗參究《楞嚴經》，撰成專著，參謁文益。文益用《楞嚴經》八還來勘驗他，問他明還什麼，文遂根據經文回答說，明還日輪。文益進一步追問，日還什麼，文遂懵然無對。文益遂令他燒掉所註之文，文遂自此「始忘知解」，究明本心。

法眼宗對楞嚴三昧的汲取，重點正在清除知解上。匡逸示眾:「人且自何而凡，自何而聖? 於此若未會，可謂為迷情所覆，便去離不得。迷時即有窒礙，為對為待，種種不同。忽然惺去，亦無所得。譬如演若達多認影迷頭，豈不擔頭覓頭。然正迷之時，頭且不失。及乎悟去，亦不為得。何以故? 人迷謂之失，人悟謂之得。得失在於人，何關於動靜。」(〈匡逸〉)《楞嚴經》的演若達多失卻頭譬喻指出人人皆有自性，在悟不增，在迷不減。匡逸指出，人們之所以有凡聖的不同，是由於有迷悟之別。墮入知解即是迷，清除知解即是悟。由此可見，法眼宗汲取楞嚴三昧見聞之性周遍大全的精髓，啟發參禪者在現象界中保持純明的本性，以獲得見聞之性的超越，並主張只要清除了知見，便可開悟成佛。

其二，吟詠金剛般若的禪詩。

金剛般若的最大特點是掃相。瑰省臨入滅前，「寶樹浴池，忽現其前」，呈現出祥瑞之相，而禪師卻借用《金剛經》名句，平靜地說:「凡所有相，皆是虛妄。」三日後集眾言別，安坐而逝。其言行作略，深得金剛般若掃相之神髓。文益一日與李璟同觀牡丹花，李璟命他作詩，文益遂吟成一首 (《法眼錄》):

擁毳對芳叢，由來趣不同。
髮從今日白，花是去年紅。
豔冶隨朝露，馨香逐晚風。
何須待零落，然後始知空?

李璟讀罷，頓悟其旨。此詩形象地表達了文益的體空觀。體空觀是不待析破色、心諸法，而直接體達「因緣所生法，當體即空」之觀法。《三論玄義》謂：「小乘拆法明空，大乘本性空寂。」與小乘析空觀不同，大乘不待分析壞滅一切有為法的事體，而直接體達其當體即空。在大乘看來，因緣所生之法如夢如幻，並無實性，洞察當體即空，即是體空觀。《心經》：「色不異空，空不異色。色即是空，空即是色。」《維摩經·不二法門品》：「色即是空，非色滅空，色性自空。」僧肇在《注維摩詰經》卷8中發揮說：「色即是空，不待色滅然後為空，是以見色異於空者，則二於法相也。」與一般人從色、香、味、觸的感性世界中得到感官享受不同，文益從斑斕絢爛的感性世界中，體悟到了緣起性空、遷變流轉、當體即空的人生宇宙之無常，以般若慧眼燭破緣生幻相，從而不為色相所染，保持了心境的虛明澄澈。

金剛般若最大特點是隨說隨掃，法眼宗汲取金剛般若神髓，在啟發學人時，往往採取隨說隨掃的方法。道恒上堂，眾人才集，便說：「吃茶去。」或者說：「珍重。」或者說：「歇。」並作頌一首（〈道恒〉）：

百丈有三訣，吃茶珍重歇。
直下便承當，敢保君未徹。

吃茶、珍重、歇，相當於滅卻機心的大死，這是參禪的第一步。但如果執著於這大死，則又不能見道。因為大死之後倘不能大活，不能發揮真如自性的活潑妙用，就會沉於斷滅空。道恒擔心學人執著於他的三訣，所以說出之後，立即予以掃除。學人問禪師:「如何是正真一路?」禪師答:「七顛八倒。」禪師之答，旨在啟發學人在煩惱的現實生活中證悟佛法真諦，但學人聽了之後說:「恁麼則法門無別去也。」這就執著於法門無區別，容易產生將「七顛八倒」與「正真一路」簡單等同的弊病，故而禪師遂立即掃除:「我知汝錯會去。」又如這一段對答:「如何是佛?」「汝是什麼人?」「莫便是也無?」「是即沒交涉!」學人的問題，是離開現實別求佛祖。針對這種情況，禪師採取截流之答，指出每個人都是佛，腳下的生活就是禪悟境界。學人執著於這種認識，因此禪師又立即再予掃除。掃到無可掃，方見本來心。法眼宗通過對金剛般若的神妙運用，達到了一切現成、無住生心的禪悟之境。

其三，吟詠維摩不二的禪詩。

法眼宗啟發學人超越矛盾的常用方法是不二之對:「如何是吹毛劍?」「擀麵杖。」又如:「如何是清淨伽藍?」「牛欄是。」答語與對語看似截然對立，旨在斬除學人的分別心。一旦分別心被斬斷後，世俗座標中對立的意象就可以同時在禪境自由自在地呈現了。僧問慶瑫「東山西嶺青」意旨，慶瑫作偈以答(〈慶瑫〉):

東山西嶺青，雨下卻天晴。

更問個中意，鵓鳩生鷂鷹。

運用不二法門的法眼宗禪詩，完全泯滅了二元分別識，流宕著「泥牛行處，陽焰翻波；木馬嘶時，空花墜影」的禪定直覺意象，描摹出一幅又一幅不可思議境。

其四，吟詠楞伽唯識的禪詩。

《楞伽經》主張三界唯心，萬法唯識。《楞伽經》卷2說「三界唯心」，謂三界（欲界、色界、無色界）所有現象都是一心所變現，心為萬物本體，此外無別法。佛教通常把唯識宗看作相宗，把華嚴宗看作性宗。不論性宗還是相宗，都認為一切諸法皆由一心所現，故說萬法唯識。但對這個「心」的含義，性、相兩家說法不同。相宗指阿賴耶等心識，以此證成阿賴耶緣起乃唯識所變之義；性宗則指如來藏之自性清淨心，即真如隨緣生起諸法之義。從法眼宗的實際情況看，法眼宗在論三界唯心、萬法唯識時，更偏重於唯識宗的立場。文益頌〈三界唯心〉曰（《法眼錄》）：

三界唯心，萬法唯識。
唯識唯心，眼聲耳色。
色不到耳，聲何觸眼。
眼色耳聲，萬法成辦。
萬法匪緣，豈觀如幻。
山河大地，誰堅誰變？

三界唯心，萬法唯識。但唯心唯識，並不意味著眼聲耳色式的觀物。法眼宗強調萬物有其原本的秩序，自然天成，眼觸色成形，耳應聲為響。眼見色，耳聞聲，宇宙萬法才會顯示其原本的規律和秩序。眼色耳聲，就是一切現成。一切事物，都是緣起而有，因此以慧眼觀之，世界猶如夢幻般存在。山河大地似乎是永恒的，但在這個「堅」的表象背後，卻涵蘊著「變」的鐵律。法眼的意圖，是教人證入「遠離於斷常，世間恒如夢」(《楞伽經》卷1) 的不二智。法眼門人德韶作偈:「通玄峰頂，不是人間。心外無法，滿目青山。」法眼贊為「即此一偈，可起吾宗。」在詩中，德韶以「通玄峰頂」作為學禪達到的境界，認為學禪達到了峰頂時，已經超脫了塵寰萬象，與人間完全不同了。但萬法唯境，境是心現，因而心外無法，隨處可以看到禪境。處處皆禪，不待他求。

唯識宗所立三自性之一是圓成實性（在《楞伽經》中稱作「成自性」)，指真如（諸法所依之體性）具有圓滿、成就、真實等三種性質。法眼〈圓成實性頌〉云（《法眼錄》):

理極忘情謂，如何有喻齊。
到頭霜夜月，任運落前溪。
果熟猿兼重，山長似路迷。
舉頭殘照在，元是住居西。

參禪的第一步是窮理，理明到了極點，言語道斷，心行處滅，妄念全消，就是「忘情調」，到了這個地步，任何比喻都用不上，任何語言都是多餘，因為此種境界根本無法表述。儘管如此，作者仍然採用了一組玲瓏意象加以象徵：空山闃寂，皓月高懸，在深秋的夜空倍顯皎潔。但它並不留戀碧柔的蒼穹，而是任運無怨地墜落到前溪，既無戀天心，亦無映水意。這是不被任何意念所束縛的無心的世界，法喜充滿，道果成熟，但要走的路還很長。層巒疊嶂容易使人迷失方向，必須精進不懈才能抵達終點。經歷了艱辛的跋涉，修行者於山窮水盡處，驀地發現一抹清麗的曉月餘光，映亮了自己原來的住處，見到了靈靈明明的本來面目。此詩用象徵手法，表達了作者對圓成實性的感悟，同樣呈現出法眼宗一切現成的感悟指向。

楊岐宗禪詩

平常心是道，

要「平常」到連「平常心」的意念都沒有，

才是真正的平常心。

如果有了平常的意念，則失卻了平常心。

這平常心，是滅卻了浮華的清冷淡泊的悟心，

雖然沒有世俗的滋味，但每當它發生作用時，

都有活潑的機趣，

在至純至淡之中吐露著悟性的光華。

中國禪宗入宋後數十年間，臨濟宗下楊岐方會(996～1049)、黃龍慧南(1002～1069)又開出楊岐和黃龍二派。楊岐禪風靈活多變，除了雍容平淡之外，直截了當處，則一似金剛圈、栗棘蓬，頗有臨濟那種痛快淋漓、不容擬議的風格。楊岐兼得馬祖道一的大機、大用，加上他靈活的教學方法，顯得渾無圭角，因此，佛教史家稱他「宗風如龍」。在楊岐宗的禪學感悟中，洋溢著濃郁的詩情畫意：

> 僧問：「如何是楊岐境？」師云：「獨松岩畔秀，猿向山下啼。」進云：「如何是境中人？」師云：「貧家女子攜籃去，牧童橫笛望源歸。」(《古尊宿語錄》卷19〈方會〉)

學僧問什麼是楊岐所證悟到的境界，楊岐雍容接機，隨手拈來，而妙趣天成。獨松吟風、群猿啼嘯，都是在宣說摩訶大般若。但此種聲音，只有心性澄明之人才能感應。沒有定性者，若經行此路，則未免岩崩股顫，猿啼斷腸。楊岐境是一個充滿詩情畫意的境界，貧女在這裡可以得到山花野果，學道者在這裡可以得到維持慧命的資糧。牧童橫吹短笛，向水草豐茂處放牧；悟道者瀟灑不拘，向人性的源頭回歸。楊岐應對學僧的話語，完全是哲理化、禪悟化的詩句，詩意語言所具有的形象生動、凝練含蓄、意義多元等特質，為楊岐應答學人提供了絕佳的材質。

一、超越對立

楊岐說法，直指本元心地，剿絕二元意識（兩頭），纖塵不立。起心即差，動念即乖，楊岐宗人對機多闡此旨。大慧指出，了悟之境，泯除了一切差別對立，「儒即釋，釋即儒；僧即俗，俗即僧；凡即聖，聖即凡；我即爾，爾即我；天即地，地即天；波即水，水即波；酥酪醍醐，攪成一味；瓶盤釵釧，熔成一金」(《大慧錄》卷28)，容不得任何二元心識的揣度妄想。「春色無高下，華枝自短長」，在如如的本元狀態裡，沒有高下之別，人們之所以有短長之分，是因為心裡有了計長較短的意念，因此，要「兩邊俱坐斷，一劍倚天寒」。「兩邊」是相對的認識方法，要使相對的認識成立，至少要有兩種東西相對立比較，才叫做兩邊。如善與惡，兩者之間的差別就是認識。將相對的兩邊一揮兩斷，便需要有倚天寶劍一樣的般若智光。楊岐宗禪詩，迥超邏輯思維，表現了泯除各種對立的禪趣。

其一，三腳驢子，截斷意路。

楊岐宗接引弟子，主張般若利劍斬妄情，朝滅絕理路的方向努力。楊岐宗最為著名的是三腳驢子公案，這則公案自發生之日起，即蜚聲叢林，充分說明了它對參禪者所具有的魅力：

問:「如何是佛?」師云:「三腳驢子弄蹄行。」進云:「莫只這便是麼?」師曰:「湖南長老。」(《五燈會元》卷19〈方會〉)

楊岐三腳驢超出了理性的解析,因此「雖人人舉得,只是不知落處」。對三腳驢子所有知性的解會,都是徒勞。因為它的本身對於知性來說毫無意義。僧問大慧楊岐三腳驢子弄蹄行意旨,大慧說:「無意旨!」確實,正是這「無意旨」超越知性的三腳驢,踢踏出平等一如的世界(《五燈會元》卷19〈清遠〉):

一葉落,天下春,無路尋思笑殺人。
下是天,上是地,此言不入時流意。
南作北,東作西。動而止,喜而悲。
蛇頭蠍尾一試之,猛虎口裡活雀兒。

在這個平等的世界裡,春秋、天地、南北、東西、動靜、喜悲等圓融一體。踢踏出這個一體世界的,除了三腳驢之外,還有「瞎驢」(《虛堂錄》卷7):

瞎驢一蹈兩頭空,便與尋常路不同。
寸步卻成千里隔,紛紛多在半途中。

驢子一旦成「瞎」，瞎卻愚目，慧眼頓開，所以一踏（將相對的意識粉碎）之時，兩頭（二元分別的意識）皆空，相對的觀念被截斷，鋪展開般若真空的大道，與尋常的意識、邏輯的思維慣性截然不同。而時人卻不能「瞎」，捨不得「一蹈兩頭空」式的放捨身命，裹足不前，望崖而返，所以與悟境咫尺千里，永遠徘徊在途中。在圓悟看來，將差別意識踢踏的「三腳驢」、「瞎驢」，也就是大智大勇的「金毛師子」：「大道本來無向背，擬心湊泊已差池。吒呀卓朔能哮吼，即是金毛師子兒。」（《圓悟錄》卷8）它們踏平了差別的世界，高踏佛祖頭頂而行，成為宇宙間的至尊者：「自從踏斷千差路，便踏毗盧頂上行。」（《密庵語錄》）正是通過「三腳驢」這類藝術形象，楊岐禪運用般若利劍，將相對的意識斬除，大死一番，在否定之後，獲得絕對的肯定。

其二，不觸不背，珠圓丸轉。

楊岐宗在接引學人的時候，往往通過拂子、拄杖、竹篦等即興點染，用淩厲的機鋒，把學人逼拶到肯定否定都不是的兩難境地。大慧宗杲居古雲門庵時，室中舉竹篦子問參學者：「喚作竹篦則觸，不喚作竹篦則背」，令參學者「不得下語，不得無語」，從之得法者十有三人。禪林頌曰（《禪宗頌古聯珠通集》卷40〈無著總頌〉）：

雲門舉起竹篦，才涉思惟蹉過。
只這背觸商量，老人已是話墮。

宗杲「喚作竹篦則觸，不喚作竹篦則背」，是給參學者思維設下的一座陷阱。只要學人一動心起念，有了諸如是竹篦子、非竹篦子的意念，就已經墮坑落塹，與本體悖離。無著頌翻進一層，認為雲門的這番話，既然有了「竹篦子」、「觸」、「背」之說，也已經「話墮」，自身已陷進了語言的沼澤。一落言筌，即成過咎。為了擺脫開口即錯的尷尬處境，禪師往往用詩意的圖景來表達：「若喚這個作拄杖子，捏目生花；若不喚作拄杖子，破家散宅。畢竟如何？擲下云：青山只解磨今古，流水何曾洗是非。」（《大慧錄》卷3）「磨今古」、「洗是非」，即泯除差別。但關鍵在於這「磨」、「洗」的本身也仍然要不帶「磨」、「洗」的意念才行。楊岐宗禪人熟諳此理，在突破觸背禪關時，往往出以不落兩頭的詩歌境象，參活句而不參死句。流轉跳宕的意象，不觸不背，珠圓丸轉，突破了背觸的藩籬，呈現出一片化機。

其三，聖凡一如，淨染不二。

聖與凡，是相對的二分法，在楊岐禪中，得到了圓融。楊岐宗指出，如果禪者僅僅停留在了悟的峰巔，黏滯於聖境，而不能由聖入凡，仍不是大乘徹悟。「無位真人」與「不動尊」並不離棄現象界的生活。禪者由凡入聖後，應當再由聖入凡。從聖凡一如出發，楊岐宗禪人主張從凡境切入，認為淺近的凡境是建立禪悟生命的基礎：「一大藏教，不出個鴉鳴鵲噪；九經諸史，不出個之乎者也。」（《虛堂錄》卷2）在經歷世法之後，就可以竿頭進步，將清涼高遠的萬仞峰頂與紅塵熱惱的十字街頭打成一片，入世而出世，出世而入世，如此，即能「全心即佛，全佛即人，人佛不二」(《圓悟錄》卷12)。對這種悟境，圓悟〈眾生本來是佛〉偈形象地表述為：「放憨放癡貪世味，閒情誰管真如地。有時得片好風光，十字街頭恣遊戲。」(同上，卷19)

了悟的峰巔固然不可停滯，現象界的生活也不等於禪。楊岐宗禪人主張聖凡一如，強調回歸於生活，卻並不意味著將禪庸俗化，而是要求禪者置身現象界，而不被現象界的生滅法所染。僧問：「舊歲已去，新歲到來，如何是不遷義?」守端說：「眉毛在眼上。」意思是明明有時光飛逝的遷變的現象存在，什麼是「不遷」的禪髓呢？守端的答語，用眉在眼上暗示雖則有各種遷變現象的發生，但真如自性卻不會隨之改變。月庭忠作二詩頌此公案(《禪宗頌古聯珠通集》卷39)：

罷釣歸來不繫船，江村月落正堪眠。
縱饒一夜風吹去，只在蘆花淺水邊。

落葉已隨流水去，春風未放百花舒。
青山面目依然在，盡日橫陳對落暉。

「罷釣」四句，用唐人司空曙〈江村即事〉詩成句。詩以「不繫船」喻禪者任性率意、隨緣自適的放曠襟懷，以「江村月落正堪眠」喻禪者安處於現象界之中。後二句以縱經風吹仍在佳境喻經歷世俗之事，卻不會影響到心性的寧靜。第二首以落葉隨水寫舊歲已去，以百花將舒寫新歲到來。但葉落花開，都是起滅流轉的現象，詩人的心性，則猶如「青山面目」，亙古如斯，「橫陳對落暉」，不受時令遷變的影響。在此一如之境，說淨說染都是塵。青山與落暉，相對兩忘言，無動亦無靜，無淨亦無染。

其四，不涉迷悟，真妄一體。

與聖凡一如體驗相類的，是楊岐禪真妄一體的禪學感悟。楊岐宗反對貪戀悟境，指出「真實到家之士，得意忘言。伶俜在外之人，隨情起解」(《古尊宿語錄》卷28〈佛眼〉)，指出只有似是而非的人，才會沾沾自喜地自以為悟。如果本身在悟之中，就不會有悟的意識：「眉毛眼睫最相親，鼻孔唇皮作近鄰。至近因何不相見，都緣一體是全身。」(同上，卷29〈清遠〉) 說個悟字，便從與悟的「一體」中分離出來。並且，即使真正了悟，一旦生起了悟的意念，就會重新墮入迷的沼澤中。「寸絲不掛，猶有赤骨律在；萬里無片雲處，猶有青天在」(《圓悟錄》卷5)。說是「寸絲不掛」，還有赤條條（「寸絲不掛」）的意念存在；說是萬里無雲的澄澈覺悟，還有「青天」(萬里無雲) 的意念存在。一旦有了這些開悟的意念，就被「絲」、「雲」給掛住、遮住了，就不能算是真正的「寸絲不掛」、「萬里無雲」。法演偈云 (《古尊宿語錄》卷21〈法演〉)：

人之性命事。第一須是○。

欲得成此○。先須防於○。

若是真○人，○○。

○，即是空的形象表述。人要求得安身立命處，最重要的就是空，即心境蕩滌情塵意垢後的空明、寧靜。因此第一步必須○。但○並不在於封閉自己，而要顯示開放的特性，它意味著對外物不失本性的澄明感應。所以要成就此○，還須防止枯木寒灰般的○。前一個○，是生機洋溢的澄明心境，是真空、妙有；後一個○，則是枯木死灰、窒息生命的頑空、斷空，乃參禪之大忌。「若是真○人，○○。」達到了○之後，必須連○也○掉，否則，有了○的心念，又談什麼○？○掉○之後的○，才是真正的○，它是圓滿的表徵，也是一切可能性的淵藪。

楊岐宗法演提舉倩女離魂公案，表示了楊岐宗對真妄一體的體證。《無門關》第三十五則：「五祖問僧云：『倩女離魂，那個是真底?』」倩女離魂係唐代傳奇故事。倩娘嘗許王宙為妻，既而父悔，倩娘抑鬱成疾。宙亦深以為恨，欲赴京師，途中忽遇倩娘，遂相攜至蜀，兩人一起生活了五年，產下二子。後來王宙回到岳父家拜謝，卻發現倩娘仍然病在閨中，唯餘一息。眾人見王宙與「倩娘」回來，也感到非常奇怪，室中病女聽了外面的動靜卻非常高興，起身出門相迎，兩位倩娘合為一體。此時眾人方知，和王宙一起生活達五年之久的倩娘，原來竟是病女的離魂！禪者頌此倩女離魂云（《禪宗頌古聯珠通集》卷39雪庵瑾頌）：

南枝向暖北枝寒，何事春風作兩般。
憑仗高樓莫吹笛，大家留取倚欄看。

公案的要點在於參究自心本性的真妄善惡。《證道歌》：「君不見絕學無為閒道人，不除妄想不求真，無明實性即佛性，幻化空身即法身。」真妄不二，迥超情識。若無分別，則不論變現為何種形式的生命體，都是菩提道場。倩女離魂，表達的正是真妄不二的悟境。詩意以詠梅為喻，梅花之所以在春風中有先開後綻之別，是因為南枝向陽北枝朝陰，但它們都擁有同一根株，先開後綻，只是現象的差異，生命的根元並無兩般。詩人告誡高樓吹笛者，不要再吹奏起使梅花雪落的落梅曲，還是留下這些花朵，供人倚欄細細賞玩，供明眼人好好參究。小詩涵思宛轉，風情搖曳，將人思緒引向了梅花之後的深遠悟境。只有站在不涉迷悟、真妄一體的立場，才能欣賞品味此詩。

二、立處皆真

立處即真是楊岐宗禪悟的另一主要內涵。它的思想源頭可追溯到東晉佛教哲學理論家僧肇。僧肇的《不真空論》旨在闡述諸法只是假名，虛幻不實，主張捨棄現象界的一切，走向永恒、不變、圓滿、真實的彼岸世界。但僧肇又認為，要達到成佛的目的，進行宗教修習，只有在實際的社會生活中才能完成，因為真如佛性並不離棄現實世界：「非離真而立處，立處即真也。然則道遠乎哉，觸事而真。聖遠乎哉，體之即神。」並不是離開真實的本性而有萬法，而是萬法存在之處即體現出真實的本性。道離開人們並不遙遠，因為任何一件事中都有道；佛離開人們並不遙遠，只要隨時隨地用心體察，就會發現生活中處處都顯現著佛性的妙用。離開了現實世界，就沒有真理可言。真理在日常生活之中充滿著活潑的作用，所以需要用整個身心去體悟，才能隨時隨處感受到佛性的光輝。這成了隋唐時代佛教的基本觀念。

僧肇的觀點被關注人生現實、注重即物感興的禪宗所喜愛，在禪門中產生了巨大影響。與「立處皆真」命題相近的是「繁興大用」。傳為僧肇所作的《寶藏論》說：「般若故繁興大用，涅槃故寂滅無餘。無餘故煩惱永盡，大用故聖化無窮。」「繁興」指紛亂嘈雜的世俗世界，「大用」指禪者面對各種物質精神的現象，遊刃有餘，不受其影響擾動。方會稟承禪林傳統，弘揚臨濟家風，也大力提舉臨濟等宗師所提倡的立處皆真、繁興大用思想，指出：「繁興大用，舉步全真。既立名真，非離真而立，立處皆真。者裡須會，當處發生，隨處解脫。」（《古尊宿語錄》卷19〈方會〉）

楊岐主張立處即真、繁興大用，與僧肇、臨濟一脈相承。這一理念使楊岐宗感悟到真如理體並不離棄現象界，在日常生活中有真如的顯現，一切現成，不假他覓。參禪者應處處提撕，時時悟道；同時，面對五光十色的現象界，要保持心靈的寧靜，存在而超越。楊岐示眾云:「幾度黑風翻大海，未曾聞道釣舟傾。」即是當處解脫的生動寫照。楊岐曾徵引禪偈:「心隨萬境轉，轉處實能幽。隨流認得性，無喜亦無憂。」(《續古尊宿語錄》卷3〈楊岐會〉) 主旨也在於強化隨處解脫。離開現實情境而他求，就是悖離精神故園。回轉向外尋覓之心，即能歸家穩坐。此種宗風，使得楊岐宗禪詩具備了立處皆真、觸目菩提的美感特質。

其一，一切現成，不須他覓。

楊岐說法，標舉「是法住法位，世間相常住」。「法位」，謂萬有本體所在位置。真如（本體）湛然，絕對不妄，為諸法安住之位。是法住法位，就是萬物以其本來面目存在於天地宇宙之間，一切現成，不假造作。因此，楊岐示眾說:「春雨普潤，一滴滴不落別處」，「天得一以清，地得一以寧，君王得一以治天下，衲僧得一且作麼生?」良久雲:「缽盂口向天。」「缽盂口向天」，即是「是法住法位」，本來現成，不容擬議。守端頌云 (《禪宗頌古聯珠通集》卷39〈白雲端頌〉):

缽盂向天底時節，十方世界一團鐵。
少林面壁謾多年，衲僧眼裡重添屑。

從「是法住法位」的角度出發，守端對達摩面壁的意義提出懷疑。因為一切現成，所以連達摩面壁這樣的祖師高風，在楊岐宗看來，也成了畫蛇添足。仁勇示眾謂：「釋迦老子四十九年說法，不曾道著一字；優波毱多丈室盈籌，不曾度得一人；達摩不居少室，六祖不住曹溪。誰是後昆，誰為先覺？既然如是，彼自無瘡，勿傷之也。」拍膝顧示大眾說：「且喜天下太平。」（《五燈會元》卷19〈仁勇〉）將佛教史上明白確鑿的事實全面推翻，是站在迷悟不二、本來現成之立場而作的斷言。虛堂頌此公案云（《虛堂錄》卷5）：

煙暖土膏農事動，一犁新雨破春耕。
郊原渺渺青無際，野草閒花次第生。

此詩勾畫出一幅生活氣息極為濃郁的早春耕作圖，暈染出「天下太平」的環境氛圍（象徵心國太平的內證狀態），於靜謐安寧中，洋溢著活潑的生機，彌漫著泥土的芬香，流露了作者對生命的熱愛與喜悅，而沒有纖毫的機心雜念。與虛堂此偈相映成趣的是大慧偈（《大慧錄》卷2）：

正月十四十五，雙徑椎鑼打鼓。
要識祖意西來，看取村歌社舞！

鄉村野趣，觸目菩提。質樸的農家生活，也就是喜悅的禪悟境界，農家樂即是佛家樂。天童頌：「太平治業無象，野老家

風至淳。只管村歌社舞，那知舜德堯仁。」與此異曲同工（《從容錄》第5則）

楊岐宗指出，了悟之人，是「鼻直眼橫」（《古尊宿語錄》卷20〈法演〉），用不著思維計度，一切都以自然原真的形態顯現在你的面前，關鍵看你能否直下領會。因此，楊岐宗禪人往往以一幅幅清麗如畫的圖景，作為禪者悟道的契機：「秋風颯颯，玉露垂珠。水碧山青，蛩吟蟬噪。圓通門大啟。」（《古尊宿語錄》卷20〈法演〉）「千峰列翠，岸柳垂金。樵父謳歌，漁人鼓舞。笙簧聒地，鳥語呢喃。紅粉佳人，風流公子。一一為汝諸人發上上機，開正法眼。」（同上）「金風動處，警砌畔之蟲吟；玉露零時，引林間之蟬噪。遠煙別浦，行行之鷗鷺爭飛；絕壁危巒，處處之猿猱競嘯。又見漁人舉棹，樵子謳歌，數聲羌笛牧童戲，一片征帆孤客夢。可以發揮祖道，建立宗風。」（同上）秋風、玉露、碧水、青山、吟蛩、鳴蟬、翠峰、金柳、樵唱、漁歌……清麗如詩的景色，即是啟人心智的菩提大道，要悟當下便悟，不須外求。花蕾舒綻，隴上寫春；柳眼惺忪，臨水自照。鶯鳴高士琴，草綠詩人夢，自然景色，直截會取，觸目菩提。聲只是聲，色只是色，用不著計較思量，聞聲另尋道，見色別求心。「紫蕨伸拳筍破梢，楊花飛盡綠陰交。分明西祖單傳句，黃栗留鳴燕語巢。」（同上，卷20〈南雅〉）自然景色，天機原真地呈顯。楊岐宗運穠麗之筆，描撲面春色，生動地表現了對處處是道的體認（分別見《圓悟錄》卷7、卷8）：

秋半西風急，當空月正圓。
蕭蕭木葉落，湛湛露珠懸。
嘹唳沖雲雁，淒清抱樹蟬。
頭頭渾漏泄，切忌覓幽玄。

秋深天氣爽，萬象共沉沉。
月瑩池塘靜，風清松檜陰。
頭頭非外物，一一本來心。
直下便薦取，切莫更沉吟。

颯颯西風，玲瓏璧月，蕭蕭木葉，湛湛露珠，嘹亮雁唳，淒清蟬鳴，瑩淨池塘，婆娑松檜，無一不呈露著宇宙大心。只要以澄明的襟懷去感應，就能直下薦取，直接契入存在之深處。任何向外「覓幽玄」、「更沉吟」的舉動都會蹉過一切現成的悟境。必須用迥超邏輯與知性的禪悟直覺觀照，才能對現前景致作即物即真的澄明感應。

其二，處處提撕，時時悟道。

「提撕」在禪宗話語中有二義，一是指師家指導學人，一是指行住坐臥間，對古則公案專心參究之工夫。因為一切現成，觸目菩提，參禪者只要處處提撕，即可時時悟道：「酒肆茶坊，紅塵鬧市，豬肉案頭，驀然築著磕著，如虎戴角，凜凜風生。」（《密庵語錄》）「普化紅塵堆裡，盤山豬肉案頭，發揮靈鷲雄機，顯示少林密旨。」（《虛堂錄》卷1）在楊岐宗禪人看來，酒店茶坊、紅塵鬧市，到處都是現成公案。

楊岐宗注重對現成公案的提撕，其禪詩生動地反映了從蛙聲悟道、從柏樹子悟道、從火爐頭悟道等禪悟契機。張九成居士一夕如廁，繼續參究庭前柏樹子公案，忽聞蛙鳴，釋然契入，作偈說：「春天月夜一聲蛙，撞破乾坤共一家。正恁麼時誰會得，嶺頭腳痛有玄沙。」次日清晨謁法印一禪師，機語相投（《五燈會元》卷20〈張九成〉）。玄沙欲遍歷諸方，參尋知識，攜囊出嶺，築著腳指，流血痛楚，歎道：「是身非有，痛從何來?」便回。雪峰問他為什麼不遍參去，玄沙說：「達摩不來東土，二祖不往西天。」雪峰深以為然（《正法眼藏》卷2）。玄沙因腳痛而悟，張九成則因聽到一聲蛙鳴，而領悟千差萬別悉皆消融、乾坤大地本是一體的禪機。莫將居士謁南堂靜禪師咨決心要，「堂使其向一切處提撕」，莫將如廁時聞穢氣，急以手掩鼻，遂有省，呈偈曰：「從來姿韻愛風流，幾笑時人向外求。萬別千差無覓處，得來元在鼻尖頭。」（同上，卷20〈莫將〉）莫將開悟的關鍵仍是萬別千差的消融，其中包括淨穢不二、一切現成的感悟。龍門清遠參五祖法演，寒夜孤坐，撥爐見餘火一豆，恍然自喜說：「深深撥，有些子。平生事，只如此!」急起翻閱《景德傳燈錄》，至破灶墮因緣，忽然大悟，作偈曰（《五燈會元》卷19）：

刀刀林鳥啼，被衣終夜坐。

撥火悟平生，窮神歸破墮。
事皎人自迷，曲淡誰能和？
念之永不忘，門開少人過。

通過撥火這一舉動，清遠感悟到純真的自性就埋藏在灰燼之中，只要「深深撥」，透入至情至性去體驗，就會見到本來面目。此時再參究破灶墮因緣，愈發明白了人生不過是四大因緣合成，就像灶神本是泥瓦合成一樣。這些本來清楚的人生道理，如同刊落浮華的清淡歌曲，能夠和唱的人很少。悟道之門向每個人敞開，卻很少有人能夠進來，令人徙倚懷想。此詩將悟道的因緣、悟道的心境寫得蘊藉高華，在娓娓的敘述中，顯示出婉曲雋永的韻致。楊岐宗禪詩所反映的悟道途境，新異迭呈，生動地展示了一花一世界、一葉一菩提的了悟世界。

其三，照顧腳下，不求玄妙。

立處即真、觸目菩提的宗風特點，生發了楊岐禪照顧腳下，不求玄妙的詩禪感悟。楊岐宗禪人摒棄方便施設、談玄說妙：「機關並是閒家具，玄妙渾成破草鞋。」將方便施設撤除之後，便可體驗到纖塵不立、本來現成的悟心：「本自圓成，不立功課，饑來吃飯，寒來向火。」這就揭去了覆蓋在雲綃霧縠下的玄妙面紗，使禪的本來面目顯露出來，將禪從縹緲的雲端移置於堅實的大地之上，將終極關懷落實於現實生活，使紅塵俗世與禪悟化境圓融一體，平常心是道。大慧頌「平常心是道」公案云（《古尊宿語錄》卷47〈雲門頌古〉）：

> 勸君不用苦勞神，喚作平常轉不親。
> 冷淡全然沒滋味，一回舉起一回新。

平常心是道，要「平常」到連「平常心」的意念都沒有，才是真正的平常心。如果有了平常的意念，則失卻了平常心。這平常心，是滅卻了浮華的清冷淡泊的悟心，雖然沒有世俗的滋味，但每當它發生作用時，都有活潑的機趣，在至純至淡之中吐露著悟性的光華：「大事既明，則十二時中，折旋俯仰，彈指謦咳，無非佛之妙用。」（《大慧錄》卷1）「不用安排，切須造作。造作安排，無繩自縛。不安排，不造作，善財彈指登樓閣。秘魔放下手中杈，普化入市搖鈴鐸。」（同上）不安排造作，觸處皆真，禪機汩汩地呈顯。

其四，紅粉香閨，豔思通禪。

立處即真，萬法皆體現著真實的本性。作為人類隱秘情感的愛情，也是萬法之一，同樣能夠體現真實的本性。人類的豔情與禪思有著相通之處，這在楊岐宗禪詩中顯得尤為突出。楊岐宗圓悟克勤，就是聽了師父法演舉小豔詩「頻呼小玉元無事，只要檀郎認得聲」而得以開悟的。這兩句小豔詩，寫深藏在帷幕背後的小姐（喻佛）頻呼小玉（喻通過各種手段），目的在於讓檀郎（喻指芸芸眾生）知道，佛性就在帷幕（喻各種物象）的背後，就看你能不能用心來感應。克勤聽了這兩句小豔詩後，若有所悟，向師父求證。法演突問他：「什麼是祖師西來意？庭前柏樹子呢！」一言之下，克勤突然大悟，聽到公雞振翅長鳴，對自己說：「這難道不是『聲』!」於是急回房中，向法演呈述了自己了悟心得，並呈上一偈(《五燈會元》卷19〈克勤〉)：

金鴨香爐錦繡幃，笙歌叢裡醉扶歸。
少年一段風流事，只許佳人獨自知。

鋪著錦繡幃幄的閨房裡，金鴨香爐吐出來的香氣已漸漸消散。少年在錦繡幃裡聽完了笙歌喝醉了酒，讓人攙扶著走了回來。像這樣令人心迷神醉的風流韻事，只有那個小姐——戀愛的意中人知道罷了，別的人又怎麼會知道其中的況味？克勤以此象徵悟道的境界，就好像是從小姐的深閨歸來一樣。他的確是體會了悟道的境界，可這個「道」是什麼，卻不可與外人道，如人飲水，冷暖自知；如纏綿之戀情，只有個中人，方知個中味。

楊岐宗禪詩借香草以喻禪心，除了兩者內證體驗都有不可言說性的特點外，還因為兩者在表達上都有纏綿繾綣、一往情深的特點。在楊岐宗以豔情喻禪的作品中，法演的詩最為香韻繚繞，其〈頌馬祖日面佛月面佛〉云（《古尊宿語錄》卷21〈法演〉)：

丫鬟女子畫娥眉，鸞鏡臺前語似癡。
自說玉顏難比併，卻來架上著羅衣。

馬祖病重時，院主請安，問他身體怎樣，馬祖說:「日面佛，月面佛。」據《佛名經》卷7，日面佛壽長一千八百歲，月面佛壽僅一日夜。馬祖借「日面佛，月面佛」之語，顯示斷絕壽命長短與生滅來去之相，以契當本具之佛性：日面也好，月面也罷，在悟道者的心裡，永恒與剎那打成一片。永恒即當下，當下即永恒，關鍵在於能否體驗當下現成的生命情趣。詩以青春少女對美的追求，喻禪者對本心的回歸。「語似癡」，是對青春之美的肯定，喻禪者對本真佛性的肯定。通過一番似癡如迷的追求，少女堅信自己的美貌無與倫比，喻禪者堅信自己的悟境唯我獨尊。此詩運思獨特，設色穠麗，是一首風情裊裊的佳作。法演上堂舉俱胝豎指公案，頌曰（《五燈會元》卷20〈法演〉）：

佳人睡起懶梳頭，把得金釵插便休。
大抵還他肌骨好，不塗紅粉也風流。

俱胝得天龍和尚傳授禪法，於機鋒應接之際，唯豎一指。臨終前說：「吾得天龍一指頭禪，一生受用不盡。」法演的詩，以「佳人睡起」喻禪者衲被蒙頭萬事休，隨緣任運；以「懶梳頭」喻懶得設立各種機關；以隨意拿起一根金釵，向頭上一插，梳妝就告結束，喻俱胝毫不費力地豎起指頭，禪機應對即告完成。佳人之所以有如此的自信，是因為「肌骨好」，所以不塗脂粉，自有風流之致。喻俱胝以豎指應對學人，是因為他經歷了一番磨鍊，已具有高深的悟心，所以不用別立機關，即可從容自如地應對學人。在法演的帶動下，楊岐宗禪人以豔情喻禪蔚成風氣。如中仁上堂，舉狗子無佛性公案，頌云（《五燈會元》卷19〈中仁〉）：

二八佳人刺繡遲，紫荊花下囀黃鸝。
可憐無限傷春意，盡在停針不語時。

狗子無佛性公案，是禪林中最為著名的公案之一。參究此公案的要旨，必須「不用向開口處承當，不用向舉起處作道理，不用墮在空寂處，不用將心等悟，不用向宗師說處領略，不用掉在無事甲裡，但行住坐臥，時時提撕：『狗子還有佛性也無?』『無』提撕得熟，口議心思不及，方寸裡七上八下，如咬生鐵橛沒滋味時，切莫退志。得如此時，卻是個好底消息。」（《大慧錄》卷21）中仁借用唐詩成句，以佳人喻學道者，以懷春喻對本來面目的懷想。佳人的一腔傷春意，在「停針不語」之時，喻對禪悟之心的體證，在於停止刺繡（一切人為的機關）、超出語言文字的內證狀態。

其五，返本還源，歸家穩坐。

參禪悟道的終極關懷，是返回生命的源頭，徹見本來面目。在禪宗詩歌的象徵話語中，還鄉、歸家是一個具有典型意義的喻象。「張三李四何王趙，問你渠今是阿誰?」趙錢孫李張三李四，都不是我們的本來姓、本來名，可我們卻偏偏執幻為真，四處流浪。流浪既久，就會反認他鄉作故鄉，距自己的本心越來越遠。禪者對此本心則尤為關注，對遭受熏染前的「出處」心嚮往之:「鄭州梨，青州棗，萬物無過出處好。」對萬物「出處」、對本心的追尋，是禪宗不懈的努力。

楊岐宗認為，人們之所以悖離本心，流浪在外，是由於二元意識的生起，是由於「偷心」、「走作」、「馳求」。禪宗認為，只有將偷心剿絕，才能明心見性。「走作」係從《法華經》窮子喻借用而來，指離開本心而在外流浪。「馳求」指悖離本心向外尋求。不但六根攀援外境是走作馳求，而且尋禪問道、參究公案、閱讀禪錄，以至於靜坐時心念紛飛，都是走作馳求，悖離了精神家園。只要剿絕偷心，停止走作，歇卻馳求，就是歸家穩坐。清遠禪詩，以澄明剔透、心機全泯的境界，描繪出歸鄉的美好（《古尊宿語錄》卷27〈清遠〉）:

兩岸蘆花一葉舟，涼風深夜月如鈎。
絲綸千尺慵抛放，歸到家山即便休。

世人貪戀偷心，不願歸鄉。而禪師對學人所作的開示，就是粉碎其偷心，使其歸家穩坐:「千種言，萬般說，只要教君自家歇。」「千般言，萬種喻，只要教君早回去。」南陽忠國師，一日喚侍者，侍者應喏。如是三召三應，國師云:「將謂吾辜負汝，卻是汝辜負吾。」國師三喚，意旨正在於使侍者歸家穩坐。但歸到家園，與原真的本我相會談何容易。大慧頌此公案云（《古尊宿語錄》卷47〈東林頌古〉）:

世路風波不見君，一回見面一傷神。
水流花落知何處，洞口桃源別是春。

詩以仙女與劉晨阮肇旋聚旋別，喻人與真實的本我旋聚旋別。桃源仙境，喻精神的本源；返回塵世之家，喻人悖離悟境，入俗入塵。入俗入塵之後，再度尋訪桃源仙境，不可復得，喻人與本心相會是何其困難。守端上堂，見眾集，乃卓拄杖曰:「珊瑚枕上兩行淚，半是思君半恨君。」借用唐代劉皂〈長門怨〉成句，表示對迷子（君）歸鄉的殷切期盼。楊岐宗禪人頌此公案謂:「幾回沾水又拖泥，年老心孤不自知。遊子不歸空悵望，一溪流水落花隨。」（《禪宗頌古聯珠通集》卷39無庵全頌）禪師沾水拖泥，費盡心機引導遊子歸家，卻不見歸蹤，只得悵然凝望，看一溪流水漂送春天而去。在楊岐宗禪詩中，有很多抒寫回歸之感的篇什（分別見《古尊宿語錄》卷29〈清遠〉、〈圓悟錄〉卷8）:

鬢髮已蒼浪，言歸恨不早。
獨立秋風前，相思望江島。

光景急如梭，賢明爭奈何。
千林凋敗葉，一雁度秋河。
風急砧聲遠，山高月色多。
誰當此時節，解唱紫芝歌。

這一類禪詩，大多將思鄉的環境設置在秋季，潛意識中受「悲哉秋之為氣也」的悲秋意識影響。秋季萬木凋零，容易使人聯想到生命的枯萎衰頹，也容易觸動人淒惻的鄉情。也有的禪詩將思鄉背景設置在春季，則是為了使人生起遊子不歸、春光凋零的惋歎（《古尊宿語錄》卷22〈法演〉）：

頻頻喚汝不歸家，貪向門前弄土沙。
每到年年三月裡，滿城開盡牡丹花。

此詩宛然是暮春催歸圖。詩中以「弄土沙」喻學人流浪在外，在感官之「門前」追逐土沙般的糟粕。牡丹開了又謝，遊子仍迷途不歸，青春韶華被白白拋擲。

楊岐宗禪人對迷途不返的哀歎，織成一曲曲如怨如慕的懷鄉哀歌。詩詞修養精湛的禪師們，化用古典詩歌意境，抒寫歸鄉的種種情境：「自是不歸歸便得，五湖風浪拍天流」，「五湖煙浪有誰爭？自是不歸歸便得」，化用唐代崔塗〈春夕〉「自是不歸歸便得，五湖煙景有誰爭」詩意，謂不歸的原因在於自己的迷執之心；「無孔笛，再三吹。哩哩羅，羅羅哩。

遊子乍聞征袖濕，佳人猶唱翠眉低。」借用唐代鄭谷《鷓鴣》成句，抒寫對無孔笛吹奏出的鄉音之眷戀；「海門山，長安道，茫茫煙水連芳草。樓頭客，馬上郎，一聽落梅悲故鄉。」化用唐詩中經常出現的梅花落意象，來表示對故鄉的思念。清遠頌馬祖升堂百丈卷席公案：「掛得帆來遇便風，須臾千里到家鄉。臨門上岸逢妻子，歡喜情懷不可當。」以流浪者歸家見妻時的喜悅之情、安頓之感，寫開悟時心靈得以休歇棲息的喜悅，將悟道的感受傳達得尤為真切。

在楊岐宗人表達歸鄉主題的禪詩中，最著名的是法演的開悟詩。法演初謁法遠和尚，法遠說自己年歲已高，恐耽誤他的終身大事，指示他去參見白雲守端，說守端必能使他獲得最終的開悟。法演遵命參見守端，舉僧問南泉摩尼珠公案請教，遭到守端的呵叱。法演大悟，獻〈投機頌〉(《古尊宿語錄》卷22)：

山前一片閒田地，叉手叮嚀問祖翁。
幾度賣來還自買，為憐松竹引清風。

參禪悟道，就是要「買」回這片幾度被「賣」出去的「閒田地」。這一片「田地」是人的本心本性，是心靈的故鄉。法演的詩通過祖孫對答，表明佛性原本就存在於每個人的身上，只是由於我們不覺悟，馳逐他求，好似這片田地被多次賣出，最後終於將這片田地又買了回來，比喻馳求之心終於找到了安頓之處。此詩形象生動，寓意遙深，令人回味無窮。

世人生起相對的二元意識，背井離鄉。通過參訪禪門宗師，歷盡千辛萬苦，終於消解了心靈的衝突，回到了精神的故鄉。等他們一旦歸鄉時，才發現原來自己所苦苦尋覓的，其實本身早已具備。楊岐宗禪詩形象地寫出了這種悟道過程。藥山參訪石頭時說:「三乘十二分教（指全部佛教經論）某甲粗知，嘗聞南方直指人心，見性成佛，實未明瞭。」石頭為之開示，藥山沒有明白，石頭遂指示他參禮馬祖，藥山於馬祖處契悟，後來返回石頭（《五燈會元》卷5〈惟儼〉）。智愚頌此公案云（《虛堂錄》卷5）:

一重山了一重雲，行盡天涯轉苦辛。
驀劄來屋裡坐，落花啼鳥一般春。

此詩與宋尼《悟道》詩「盡日尋春不見春，芒鞋踏破嶺頭雲。歸來笑捻梅花嗅，春在枝頭已十分」有異曲同工之妙，都是寫求道開悟的過程。學人不明白大道就在當下，就在屋裡，偏要千山萬水地去尋求。等到歷盡了千辛萬苦，回到屋裡，才發現大道不在別處，就是眼前的落花啼鳥。

歸鄉後的生活，山只是山，水只是水。悟道之後，饑來吃飯睏來眠，所不同的是吃飯睡覺的人，已經不是原先的人。「歸原何所似？花底囀靈禽。」（《虛堂錄》卷6）返本歸源，並不是歸向寂滅，而是行到水窮處，坐看雲起時，在剿絕了世俗的妄念後，煥發出嶄新的禪悟生命。心源沒有世俗的妄情，卻並不是一潭死水，而是充滿了生機活趣。生命的本源，是繁華落盡見真淳的原真，是「黃葉殞時風骨露，水邊依舊石斕斑」，是「秋風吹八極，木落露千山」，是「空山無人，水流花香」的纖塵不染的如如之境。

黃龍宗禪詩

在水月相忘的直覺觀照中，

雁與潭互為觀照的主體，都具有空靈和澄明的質性，

觀照的雙方都無心而澄澈，沒有情感的粘著膠葛。

以無知般若，隨緣應照萬物。

能觀與所觀，如淨琉璃含寶月，純明澄澈，

呈現出無情之情、自在自為的律動。

黃龍派是臨濟宗的一個支派，以黃龍慧南(1002～1069)為宗祖。石霜接化手段淩厲辛辣，慧南得其神髓，宗風嚴厲，其著名的「黃龍三關」，即是充分激發起學人的疑情，將學人置於思維困境中，充分醞釀疑情，再伺機施以激烈的手段，使之困極而通，觸機開悟。除了黃龍三關之外，黃龍宗對禪宗史、詩學史的最大影響，是青原惟信提出的見山見水三階段命題，向來被看作是參禪悟道的入門。

一、見山三階段

青原惟信關於見山三階段的禪語蜚聲禪林，並幾乎成了各種禪學、美學著作的口頭禪。這裡探討黃龍宗禪人的詩歌是怎樣表現這種禪悟生發機制的。

其一，「見山是山」第一境。

回家是禪悟的主旋律，禪門宗師所有開示，都直接或間接地指向回家之路。黃龍宗禪詩以鮮明的喻象表達了「回家」的旨趣（《黃龍四家錄‧晦堂心》)：

> 風蕭蕭兮木葉飛，鴻雁不來音信稀。
> 還鄉一曲無人吹，令余拍手空遲疑。

秋風蕭殺，鴻雁紛紛飛向南方過冬。鴻雁猶知歸鄉，世人卻不知歸向精神的故園。禪師化導學人，希望他們早日回家。

自古參禪者如過江之鯽，桶底脫落者卻似鳳毛麟角。他們在遮天蔽地的紅塵中營營碌碌，不願意一念心歇回到家園。苦心的宗師擊打著還鄉的節拍，卻聽不到任何回音，只好萬般無奈地任孤寂的掌聲響徹千山。

禪宗的終極關懷是回到人類的精神家園。對這個精神家園，禪宗以母胎中事、嬰兒稚子之類的詩學喻象來加以表達。在此層面人是「原我」，對外物作直觀的感知，而「離分別取捨」，見山是山，見水是水。這是知性、悟性還沒有介入前的原始的簡單的感知。

意識的本性在於自我發展，而不可能永遠停留在混沌層面，當「自我」覺醒後，有了知識的熏染，人們有了分別取捨之心，以我為中心，這時見到的山是「自我」見到的山，水是「自我」見到的水，山水是獨立於我之外的客體。人們處在相對世界的萬有事相之中，見山見水，尋聲逐色，人的精神流浪也從此開始。

「自我」從「原我」中裂變，「自我」越發達，便離「原我」越遠，流浪也愈深，對「原我」的「回歸」遂凝成如怨如慕的懷鄉曲。黃龍禪將流離之思，形諸盪氣迴腸的吟詠。參禪的最終目的是獲得開悟，明心見性，回到精神家園。接機說法，就是為學人指引回家之路，「千般說，萬般喻，只要教君早回去」，禪師們殷殷期盼，「客程無是處，浪迹總歸來」。堅信不管流浪多久，離家多遠，遊子終究要回鄉。回鄉、歸家的譬喻，遂成為妙音紛呈的黃龍宗禪詩的主旋律。與回歸意象相聯繫，黃龍宗禪詩大量運用了易於引發韶華遷逝之感的意象，如暮春、殘花、杜宇、晚秋、西風、落葉、歲末、風雪、遊子、客作、鴻雁等。對流離的感喟，對歸鄉的嚮往，遂成為黃龍宗禪詩的顯豁主題（《五燈會元》卷17〈梵卿〉）：

春已暮，落花紛紛下紅雨。
南北行人歸不歸，千林萬林鳴杜宇。

暮春之時，花落如雨，杜宇啼血哀鳴，響徹千岩萬壑，聲聲催盼著遊子歸來。可這些遊子，仍在東西南北流浪奔走，枉自拋擲大好青春。晚秋也是勾引鄉思的季節，自然景象與詩人生命景觀的異質同構，引發了禪者澄明寧靜的返照（《黃龍四家錄·晦堂心》）：

火雲欲卷空，圭月漸成魄。
窮子歸未歸，相將頭盡白。

詩歌感歎如圭秋月，又到圓時，迷失家寶的流浪者，卻不能像明月般晶瑩美滿，仍役役路歧，任歲月風霜染白蓬鬢。對迷途遊子歸家的期盼，使得黃龍宗禪詩洋溢著一著杜宇催歸般的情思（《續古尊宿語錄》卷1〈草堂清〉）：

日入酉，夢幻空花能幾久。

百歲光陰二分過，茫茫無限途中走。
告禪人，早回首，莫待春風動楊柳！

殷殷渴盼，諄諄勸導，酷似父母對子女的叮嚀。雖然家門時時為遊子敞開，可遊子迷不知歸，彈指便成皤然老叟，禪師對遊子歸鄉的渴望，便顯得分外焦灼迫切：「區區何日了，人事幾時休。莫道青山好，逡巡便白頭。」（《續古尊宿語錄》卷1〈泐潭英〉）

其二，「見山不是山」第二境。

表達見山不是山第二境的詩歌，以克文詩為代表（《古尊宿語錄》卷45）：

絕頂雲居北斗齊，出群消息要人提。
其中未善宗乘者，奇特商量滿眼泥。

在高聳孤拔的絕頂，白雲繚繞，幾乎與北斗並齊。置身在這高華之境的悟者，參究的是超出世俗之情的人生至理。但這真諦雖然迥超塵俗，卻並不是玄而又玄，而是當下現成，必須當下頓悟。那些錯會禪宗要義的人，作「奇特商量」（把禪看作玄妙奇特而亂加揣測、度量），就會墮入禪障，滿眼泥沙，而不見大道。

在第二階段，參禪者參見了大善知識之後，有個悟入之處。禪的悟入之處，即是對世俗相對知識的否定，也是對「自我」的否定。為了達成這種否定，禪師們往往通過各種峻烈機鋒來實現。這種否定，往往從破除人法二執的角度入手，即將作為主體的人和作為客體的法都予以遣除。對法的遣除，即是「見山不是山，見水不是水」。這是參禪的初悟，泯除了第一階段的二元對立性，喚天作地，喚山作水。但這種否定只有空的一面，較之徹底的悟仍在半途，仍是「客作」。由於審美主體受「奇特商量」的障蔽，致使審美觀照無法進行，見山不是山，見水不是水。

其三，「見山只是山」第三境。

對見山只是山第三境的形象表述，以惟清詩為代表（《五燈會元》卷17〈惟清〉）：

江月照，松風吹，永夜清宵更是誰？
霧露雲霞遮不得，個中猶道不如歸。
復何歸？荷葉團團團似鏡，菱角尖尖尖似錐。

江月映禪心，松風拂衣袂，永夜清宵，跏趺而坐，心定如水。這是永嘉大師在《證道歌》中描述的充滿詩意的禪居生活圖景。《證道歌》又說：「佛性戒珠心地印，霧露雲霞體上衣。」自性光明，猶如戒珠般圓潤朗潔。濛濛霧露，燦爛雲霞，都從自性本體中發出。惟清詩翻轉一層，說縱使有霧露雲霞的奇特境，仍不如歸到心靈的故鄉。而這心靈的故鄉，就是荷葉鏡圓，菱角錐尖，自然平常到了極致。

第二階段是否定性，但只是一味的否定，第三境則是「灑灑落落無一星事」的脫落擬議思維的直覺境。第三階段雖然形式上與第一階段無異，境界卻迥然不同。此時的感悟，是即物即真、「覿體全真」的感悟。將二元意識（第一階段第二層面）、禪道見解（第二階段）悉皆清除後，我們才能以是一座山的一座山在看一座山，以是一脈水的一脈水在聽一脈水，沒有主客、物我的對立，見山只是山，見水只是水，這才是禪悟的澄明之境。這種感悟的獲得，需要除卻「奇特商量」，以回歸於平常。黃龍宗禪詩形象地表達了這一感悟（《五燈會元》卷17〈慧南〉）：

一踏踏翻四大海，一摑摑倒須彌山。
撒手到家人不識，鵲噪鵶鳴柏樹間。

經歷了踏海、摑山的奇特玄妙，即可從奇特境界轉身而出，撒手到家，不為人知，在鵲噪鵶鳴、庭前柏樹子上感悟到平凡而真實的生命情調。

二、黃龍三關

黃龍三關是與惟信見山三階段同樣聞名禪林的公案。黃龍室中常問僧：「人人盡有生緣，上座生緣在何處?」正當問答交鋒，又伸手說：「我手何似佛手?」又問諸方參請宗師所得，垂腳說：「我腳何似驢腳?」這樣共三十餘年，參學者沒有人能夠契會他的意旨。即使有所酬對，黃龍也從來不置可否，禪林目之為黃龍三關。禪宗所謂破三關，乃指破初關、破重關、破牢關。參禪者一般都要經過破三關的階段。禪宗開悟的三個階段，即是本參（初關)、重關、末後關。由參話題引出無漏慧（遠離一切煩惱錯誤的純真無垢之智慧)，由無漏慧，明本心，見本性，名為初關。既見本心，用無漏慧對治煩惱，使煩惱調伏而不起現行，才是重關。但煩惱的調伏，還需要種種對治功用，要到煩惱完全消除，任運無功用時，才是透過末後一關。

黃龍三關，壁立萬仞，所以三十年來很少有人能過此關。黃龍自己吟頌三關的詩偈，為參悟黃龍三關透露了一線靈光。

其一，破初關。黃龍詩云：

> 生緣有語人皆識，水母何曾離得蝦?
> 但見日頭東畔上，誰能更吃趙州茶?

破初關時，是破本參第一關，是一切皆空的景象。黃龍三轉語中，「生緣」為初關，表層意義是每個人對自己的出身、經歷都很熟悉，但禪宗所說「生緣」的深層意義，卻不是指上述意義上的「生緣」，而是指生命的根本來處，即「本來面目」，所謂「人人盡有生緣，個個足方頂圓」。詩意謂沒有明心見性之人，對此「生緣」難以認識，因為他們只一味倚靠別人的言論，而沒有自己的見解，如同水母借蝦為眼，所謂「人人盡有生緣處，認著依前還失路」。每個人徒然看著日出月落的景象，卻不能歇卻機心，去品味趙州茶，感悟生命的空明寧靜，正如慧南〈趙州吃茶〉所歎（《黃龍錄》）：

相逢相問知來歷，不揀親疏便與茶。
翻憶憧憧往來者，忙忙誰辨滿甌花？

破初關時，參禪者覺悟出山河大地、十方虛空並皆消殞，此時有的只是否定性，而沒有肯定性，所以仍要繼續前進。

其二，破重關。黃龍詩云：

我手佛手兼舉，禪人直下薦取。
不動干戈道出，當處超佛越祖。

「生緣斷處伸驢腳」，過了初關便進入重關。此時，我腳驢腳不二，處於絕對的不生不滅、不來不去狀態中，步步踏著無生。一即一切，一切即一，萬物同體。障蔽心靈的浮雲迷霧悉皆收捲，看破世間假相，杲日當空，光明澄澈，悟心如朗月高懸，輝映萬里，處處縱橫，頭頭達道，「無一物非法身」，每一物都是絕對本體的顯現，既是顯現法身的特定的一物，山只是山，水只是水，同時又「無一物是自己」，每一物都可以是他物，山是水，水是山。在此階段，既有肯定性，又有區別性，物物之間，圓滿交融互攝，而又各住自位，不失其本相。

其三，破牢關。黃龍詩云：

我脚驢脚併行，步步踏著無生。
會得雲收日卷，方知此道縱橫。

我手佛手，喻悟入性空境後，再進一步，見山河大地，色聲境界都是自己本分。煩惱也好，諸佛也好，都是自性的表現形狀。一切都是法身的顯現，都與自己同一，我即佛，佛即我。認得物我不二，內外無殊，不須擬議就可「超佛越祖」。黃龍還作了一首總頌（《五燈會元》卷17）：

生緣斷處伸驢脚，驢脚伸時佛手開。
為報五湖參學者，三關一一透將來。

按照雍正的說法，達到「前後際斷」、體證到前念後念間的一段空白心地，從而感悟心性空寂為破初關；「大死大活」後，體證到一切都是真性的妙用為破重關；盡破無明，達任運現成、無修無證為踏末後關。這一說法對近三百年來的禪宗界影響頗大。但是雍正的說法也存在著不足之處，正如有的論者所指出的那樣：「這三關問題，世宗只說得個『然』，卻未說得著『所以然』，而且所說重關末關簡直無可分別，尚嫌帶

漏逗亂統之病。」❶

黃龍慧南的詩偈，意為破了牢關，就能自覺本來是佛，超越一切。黃龍宗禪人指出自性的圓滿自足，使學人樹立起人人皆是本性佛的自信:「大丈夫大丈夫，靈光烜赫阿誰無」;「人人頂門上，杲日當空。個個腳跟下，清風匝地」;「人人盡握靈蛇之珠，家家盡抱荊山之璞」;自性圓滿自足，人佛無二。

黃龍三關的意旨在於強調「直下薦取」，啟發學人觸機即悟，不死句下:「鬧裡何妨佛手開，擬議之前出驢腳。任是碧眼胡兒，也須路頭迷卻!」禪師在學人心國喧鬧、擬議尋思之際，開佛手，出驢腳，斬釘截鐵，孤峭萬仞。對這種掣電之機，任是達摩祖師，也難以應付! 克文說:「洞山門下，無佛法與人，只有一口劍。凡是來者，一一斬斷，使伊性命不存，見聞俱泯，卻向父母未生前與伊相見。」為了剿絕情念，黃龍禪還設置了觸背關，以逼拶學人透過。祖心舉拳問僧:「喚作拳頭則觸，不喚作拳頭則背，喚作什麼?」庵什以拂子示眾:「喚作拂子，依前不是。不喚作拂子，特地不識。汝喚作什麼?」這些觸背禪機，與黃龍三關一樣，都是將學人逼到理智的懸崖，促其懸崖放手，大死大活。

與見山三階段、黃龍三關的詩禪感悟相應，黃龍宗禪詩呈現出一系列美感特質，這主要表現在以下幾個方面。

---

❶　融熙，〈禪宗的三關問題〉，《禪宗思想與歷史》，第一二五頁，《現代佛教學術叢刊》第五二冊。

三、隨緣任運，日用是道

隨緣任運，日用是道，即是在行住坐臥一切日常生活中都可以參禪妙悟，徹見本心。黃宗人禪人指出：「一是一，二是二，頭上是天，腳下是地，饑即餐兮睏即睡。」黃龍宗禪詩塑造了峰頂老僧、牛背牧童、閒臥高人等意象來表達這種感悟（分別見《五燈會元》卷17〈志芝〉、〈從悅〉）：

千峰頂上一間屋，老僧半間雲半間。
昨夜雲隨風雨去，到頭不似老僧閒。

常居物外度清時，牛上橫將竹笛吹。
一曲自幽山自綠，此情不與白雲知。

千萬座山巒，雄渾蒼莽，搭築於群峰之巔的茅屋，孤高絕俗。這裡人跡罕至，唯見白雲繚繞，時往時來。但白雲還有夜隨風雨出山的忙碌匆遽，不如老僧的閒淡自適。這絕頂高僧，也是「物外度清時」的「牧童」。牧童笛橫牛背，逗弄晚風，曲意幽遠，群山秀綠。閒境幽情，妙合無垠。黃龍宗禪人在牧牛和山居生活中，表達出無拘無束的意趣：「自緣一榻無遮障，贏得長伸兩腳眠」，「寒則圍爐向暖火，睏來拽被蓋頭眠」，「新縫紙被烘來暖，一覺安眠到五更」。在這些怡然自欣悅的詩句中，處處可以感受到臨濟宗「無事是貴人」的禪髓。

黃龍宗禪詩對山居生活的描寫，富有詩情畫意。「竹筧二三升野水，松窗七五片閒雲」，山居的景色，悠閒恬適，長養著道心；「三個柴頭品字煨，不用援毫文彩露」，山居的物事，樸實無華，洋溢著情韻；「生涯三事衲，故舊一枝藤。乞食隨緣去，逢山任意登」，山居的風物，淳和質樸，充滿著禪趣。慧南指出：「情生智隔，於日用而不知。」在日用中有佛心在起作用，人們雖然每天都在運用它，卻不知道它的存在。僧問鹽官齊安什麼是「本身盧舍那」，齊安讓他把淨瓶拿過來，僧人依言拿來淨瓶，齊安又讓他將淨瓶放在原來的位置。僧人放好淨瓶，繼續詢問什麼是本身盧舍那，齊安說：「古佛過去好久了！」〈心聞賁頌〉云（《續古尊宿語錄》卷4〈心聞賁〉）：

帶雪含霜半倚籬，橫斜影裡露仙姿。
前村昨夜春來了，竹屋老僧猶未知。

梅花綻放於雪中，一似古佛顯現在置放淨瓶的「日用」之中。老僧不知春到梅梢，一似問話僧不明日用是道。黃龍宗禪人指出：「道不在聲色而不離聲色。凡一語一默，一動一靜，隱顯縱橫，無非佛事。」所以，「吃鹽添得渴」的普通人即是「佛」，「十里雙牌，五里單堠」的離亭道即是菩提道，「少避長，賤避貴」即是道中人的修養，「舉足下足，盡是文殊普賢大人境界」。黃龍宗禪人繼承《維摩經》心淨則佛土淨、存在而超越的思想，主張直面聲色世界，用積極的態度去感應，以獲得火中生蓮花式的透脫：「行腳人須是荊棘林內，坐大道場，向和泥合水處，認取本來面目」；「向是非頭上坐，是非頭上臥，乃至婬坊酒肆，虎穴魔宮，盡是當人安身立命之處」。在熱惱的人生中，綻放出聖潔的蓮心；在喧囂的紅塵裡，保持著安詳與寧靜。克文〈大寧山堂〉云（《古尊宿語錄》卷45）：

禪家能自靜，住處是深山。
門外事雖擾，座中人亦閒。
漁歌聞別浦，雁陣下前灣。
即此非他物，何妨洪府間。

大寧山堂即大寧寺，在洪州（今南昌市）城內。詩意謂只要內心寧靜，不管住在何處，都如同深山般清幽。門外事紛紛擾擾，室中人閒閒自如。在喧鬧煩囂之中，仍然可以得到鬧中逸，動中幽。在遠處江浦飄來的漁歌裡，在眼前水灣掠過的雁陣上，作者感悟到動靜繫於一心，能動能靜的都是這個心。而在心的根源處，卻沒有動靜之分。真如自性就是眼前現景，而不是別物，不用向別處找尋！既悟此理，縱然置身於洪府這車馬喧囂紅塵萬丈的大都市，對長養道心並無妨礙。此詩的眼目在「自靜」兩字。自靜其心，即可見山只是山，見水只是水，獲得禪意的感悟。

四、觸目菩提，水月相忘

「日用是道」側重於對日常生活的感悟，而「觸目菩提」則側重於對自然山水的感悟。黃龍宗禪詩，以清新美麗的意象，生動直觀地表達了這種悟境（分別見《黃龍錄》、《續古尊宿語錄》卷1〈靈源清〉、〈湛堂准〉、〈晦堂心〉，《五燈會元》卷17〈雙嶺化〉）：

日出雲霞散，風和草木榮。
何須重話會，法法本圓成。

天機藏不得，花笑鳥啼時。
不待重拈出，當人合自知。

八月九月天，白露寒露節。
門外在處山，秋風落黃葉。
夜雨斂重雲，曉鴻鳴寥泬。
可憐祖師意，頭頭都漏泄。

風捲殘雲宇宙寬，碧天如水月如環。
祖師心印分明在，對此憑君子細看。

翠竹黃花非外境，白雲明月露全真。
頭頭盡是吾家物，信手拈來不是塵。

體現著真如法性的自然山水，明明白白地呈現在每個人的面前。日出、雲散、風和、木秀、花笑、鳥啼、秋山、落葉、碧天、環月、翠竹、黃花……無一不是「吾無隱乎爾」，呈露著自性的奧秘，顯現著祖師的禪心。這是觸目菩提的禪悟之美，是「春光重漏泄，有口不須陳」的現量境(《黃龍錄續補》)：

月色和雲白，松聲帶露寒。
好個真消息，憑君子細看。

在黃龍宗人看來，真如法性「頭頭上明，物物上顯」，「水綠山青，覿體全露」。雲開日出，象徵去妄顯真，真諦顯露，猶如水綠山青。「離離春草，分明漏泄天機。歷歷杜鵑，盡是普門境界」；「花開似錦，普現法身。鳥語如簧，深談實相。見聞不昧，聲色全真」。茂秀春草，清切鵑啼，顯現著禪機佛趣。似錦的鮮花，呈現著如來法身；如簧的鳥囀，宣說著實相般若。只要審美主體滌除情塵意想，即可在「聲色」之中感受到絕對的真理，一切現成，不假他覓(《五燈會元》卷18〈希明〉)：

林葉紛紛落，乾坤報早秋。

分明西祖意，何用更馳求？

林葉凋落，是「皮膚脫落盡，唯有一真實」，是刊落繁華，返於澄明的「西祖意」。只有絕卻情塵意想，才能充分欣賞現前的景色，即物即真，聆聽無情說法，在山水之中感悟到永恒的佛性（《古尊宿語錄》卷45）：

香殘火冷漏將沉，孤坐寥寥對碧岑。
萬井共當門有月，幾人同在道無心。
風傳喬木時時雨，泉瀉幽岩夜夜琴。
為報參玄諸子道，西來消息好追尋。

香殘燭盡的深夜，禪師獨坐禪房，面對窗外黛染青山，心性空明。雖然千家萬戶都可以看到月亮，但有幾人能無心於事，於事無心，能從容地欣賞清景？觸目即菩提，能得此趣的人實在太少。風傳喬木，枝葉搖曳，織成沙沙雨曲；山泉瀉溜，泉韻悠揚，飄送幽緲琴聲。這一切，不正顯露著自性的最深奧秘，流露著西來消息，明明白白地呈顯在眼前，為什麼不好好參究，而去觀念名相中撈摝禪道？這是由於心中物欲障蔽，不能對自然清景作即物即真的觀照。

與觸目菩提的現量境相聯繫的，是水月相忘的直覺境。克文〈寄塘浦張道人〉云（《古尊宿語錄》卷45）：

世俗塵勞今已徹，如淨琉璃含寶月。
煉磨不易到如今，寶月身心莫教別。
死生倏忽便到來，幻化身心若春雪。
唯有道人明月心，日用廓然長皎潔。

在水月相忘的直覺觀照中，雁與潭互為觀照的主體，都具有空靈和澄明的質性，觀照的雙方都無心而澄澈，沒有情感的黏著膠葛。以無知般若，隨緣應照萬物。能觀與所觀，如淨琉璃含寶月，純明澄澈，呈現出無情之情、自在自為的律動。禪者突破了生死大關，別具雍容灑脫的襟懷。用這種襟懷來審視世間萬物，就會在常人看來情纏欲縛、黏著膠固的萬物關係中，保持去來任運、自在無拘的平常心，從而在絕情中見至情，在無心中顯真性。此時便會產生「竹影掃階塵不動，月輪穿海水無痕」的靜默觀照：悟者的心，如竹影掃拂時的階塵，安恬不動；似月輪照映時的海水，澄澈無痕。在水月相忘的直覺觀照中，觀照的雙方澄明透澈，無心無意。唯其無心無意，才有真心真意。慧南〈退院別廬山〉云（《黃龍錄》）：

十年廬嶽僧，一旦出岩層。
舊友臨江別，孤舟帶鶴登。
水流隨岸曲，帆勢任風騰。
去住本無著，禪家絕愛憎。

古時十方叢林的住持和尚，一般不過三五年。如果德風高卓，僧眾心服，則可共推再任。慧南在廬山歸宗寺當了兩任住持，又受筠州僧眾迎請，到黃檗寺任住持，本詩即作於此時。作者在廬山一住十年，離別旖旎秀美的廬山和十年來相濡以沫的僧眾，自不免戀戀不捨。「十年」與「一旦」的強烈反差，流露出依戀留連的情懷。離山之時，舊友一直送到江邊，慧南志趣高逸，攜鶴登舟。離廬山前往黃檗，要穿鄱陽，入贛江，出蜀水。這段行程，江水彎曲。但水流無心，毫無滯礙；帆勢得風，隨意軒騰。在頸聯中，作者的離情別緒漸漸淡化，與流水風帆合而為一。他自己就是水是帆，「隨流」、「任風」，毫無黏滯。但尾聯又偏偏強調「本無著」、「絕愛憎」，使人感受到此地無銀三百兩。說個「無著」，還是「著」了「無著」，不能徹底的忘情。從佛教的立場上看，「如來者，無所從來，亦無所去，故名如來」(《金剛經》)。本來無聚，遑論有離，皮之不存，毛將焉附。但如果因此而對相別絕無依戀和淒戚，也並非是悟。在離別時仍然將整個身心投入其中，才是「隨處作主，立處皆真」。禪者對離別持「一期一會」的莊嚴態度。一期是人的一生，一會是只有一次的相會，人生聚聚散散，聚散之間，沒有一次是相同的聚會。禪者用「相送當門有修竹，為君葉葉起清風」的清美詩句來表達這種感受：送朋友到門口時，屋舍旁邊綠油油的竹葉，發出沙沙的聲響，好像也在送客似的。在「本無著」、「絕愛憎」的背後，深潛著繾綣、依戀，不忘人性，而又超乎人生。

黃龍宗禪人對來去自由的感悟，以法常的詩寫得較為精彩。法常在入寂前的清晨，「書〈漁父詞〉於室門，就榻收足而逝」，雍容不迫，宛如遊子還家。其〈漁父詞〉云（《五燈會元》卷18〈法常〉）：

此事楞嚴嘗露布，
梅華雪月交光處。
一笑寥寥空萬古。
風甌語，迥然銀漢橫天宇。

蝶夢南華方栩栩，
斑斑誰跨豐干虎？
而今忘卻來時路。
江山暮，天涯目送鴻飛去。

《楞嚴經》卷2載，波斯匿王自覺時光飛逝，生命短暫，身體逐年、逐月、逐日衰變，「剎那剎那，念念之間，不得停住」，深感生命虛幻，遷謝無常。佛啟發他，在變化的身體之中，有不生不滅的自性。波斯匿王受此開示，當下大悟。梅花雪月，都是純白之色，三者交光互映，是澄明的至境。參透生死之理的詩人，對肉身的寂滅付諸一笑，因為他感悟到，在風鈴鐵馬聲中，不正是有「這個」在！璀璨銀河，橫亙天宇，個體生命與宇宙法性合而為一。生命如同蝶夢，蝶化人，人化蝶，本無區別，貴在有栩栩自得的心境。那跨在豐干虎上的，不正是支配「六和合」的「一精明」？作者借用寒山「十年歸不得，忘卻來時道」句意，說自己多年沒有回家，如今連以前來這裡的路，都忘得一乾二淨。這是因為自己沉潛於不斷的修行之中，連生命的足跡都已忘卻，達到了毫無黏著的境界。最後二句透露出「手揮五弦，目送歸鴻」的高情遠韻。鴻飛冥冥，象徵自性衝破俗世的牢網，翱翔於自由自在的生命晴空。禪師對生命的審視，寧謐、從容、安詳、明淨，生命的逝去，猶如寒潭雁影，雁去而潭不留影，「留」下的乃是亙古的澄明。

五、自信無求，雄猛奔放

由黃龍三關的生佛平等觀念，生發出黃龍宗禪人自信無求、雄猛奔放的氣質。黃龍宗禪人注重樹立主體的高度自信：「登山須到頂，入海須到底。登山不到頂，不知宇宙之寬廣；入海不到底，不知滄溟之淺深。」黃龍宗禪人稟承臨濟「驅耕夫之牛，奪饑人之食」的風格，用峻烈禪機錘煉學人，「拗折拄杖」、「拈卻缽盂匙箸」，將學人外在的依倚全部奪去，以使之能夠真正自如地行走、獲得受享無窮的精神資糧。經由了嚴格錘煉的禪者，大悟不存師，般若威光熠熠顯現。克文頌百丈再參馬祖公案：「客情步步隨人轉，有大威光不能現。突然一喝雙耳聾，那吒眼開黃檗面。」百丈參馬祖前，未能見性。

馬祖振威一喝，百丈三日耳聾。在蓋天蓋地的一喝中，百丈獲得了禪悟慧命，成為那吒般自立自信者。法因的開悟詩也表達了這種感受（《五燈會元》卷18）：

嶺上桃花開，春從何處來？
靈雲才一見，回首舞三臺。

嶺上桃花盛開，參透花從何處而來，也就參透了禪的奧妙。靈雲見桃花而開悟，猶如賤者得貴，由一個普通平民，轉身一變為在三臺（指顯要位置）上笑傲自得的重臣。克文頌〈靈雲見桃花悟道〉云（《古尊宿語錄》卷45）：

奇哉一見桃花後，萬別千差更不疑。
獨有玄沙言未徹，子孫幾個是男兒？

此詩同樣表達了對師家權威的否定。靈雲見桃花悟道，到底「悟」了個什麼，禪僧往往不明其旨，只是盲目讚許，獨有玄沙發出了「敢保老兄未徹在」的質疑，有大丈夫的氣息。

自信獨立的精神，形成了黃龍宗禪人「師子不食雕殘，快鷹不打死兔」的雄猛奔放氣概。克文〈寄浮山岩中渙達二上人〉：「若是金毛那守窟，奮迅東西警群物。有時踞地吼一聲，突然驚起遼天鶻。所食不食雕之殘，戲來還是弄活物。翻嗟疥狗一何癡，到處荒園咬枯骨。」（《古尊宿語錄》卷45）

詩意謂參禪者自信自立，便是不固守窠窟的金毛獅子，牠奮迅出窟，群獸膽裂。當牠踞地哮吼之時，縱是遼天俊鶻也聞風逃竄。牠不吃雕殘之物，而要戲弄活物（喻禪者的思想不會為他人思想所左右，參活句不參死句）。相反，只有疥狗才會在荒棄的園地裡咬嚼乾骨頭（喻死在句下，不得開悟）。這種精神深得臨濟禪髓，表達了「一一盡從胸臆裡，蓋天蓋地灑醍醐」的雄猛奔放之氣，使得黃龍宗禪詩帶上了醉意與狂態（《續古尊宿語錄》卷1〈湛堂准〉）：

高吟大笑意猖狂，潘閬騎驢出故鄉。
驚起暮天沙上雁，海門斜去兩三行。

高吟大笑，意態豪雄。潘閬倒騎驢，落拓狂放，驚起了棲息著的沙汀群雁。這種磊落剛健的精神，還滲透在黃龍宗禪人對三要的創造性詮釋上：「如何是第一要？李白歌詩。如何是第二要？公孫舞劍。如何是第三要？張顛草書。」（《續古尊宿語錄》卷4〈心聞賁〉）詩仙李白淋漓奔放的歌行體詩，舞蹈藝術家公孫大娘攝魂奪魄的劍舞表演，書聖張旭酣暢飛動的狂草書法，最能體現盛唐文化詩歌、舞蹈、書法的澎湃激情、軒翥氣勢、飛揚神韻，都是妙造毫巔的化境，禪宗以之詮釋三要妙旨，生動地說明三要的精神實質，是無限開拓參禪者的主體性，不參死句參活句，在酣暢淋漓落拓狂舞中作原真生命的盡情噴發，將情塵意垢悉皆蕩除。

六、以豔情寓禪的詩歌

與楊岐禪一樣，黃龍宗禪人將豔情引入禪中，使禪詩增添了香韻繚繞的風致。馬祖病重時，院主請安，問他身體怎樣。馬祖說：「日面佛，月面佛。」日面佛壽長一千八百歲，月面佛壽僅一日夜，馬祖之語顯示了斷絕壽命長短與生滅來去之相，以契當本具之佛性：在悟道者的心裡，永恒與剎那打成一片，善於體證當下的生命情境。這則公案，機鋒圓轉，克文曾有「日面月面，胡來漢現。一點靈光，萬化千變」之讚（《古尊宿語錄》卷45）。楊岐宗法演詠此謂：「丫鬟女子畫蛾眉，鸞鏡臺前語似癡。自說玉顏難比併，卻來架前著羅衣。」以少女對美的追求喻禪者對本心的回歸。這首詩寫得涵思婀娜，聞名禪林。天遊禪師上堂時，對法演詩提出了異議，說：「東山老翁滿口讚歎則是，點檢將來，未免有鄉情在。」遂借用唐人金昌緒〈春怨〉來表達自己對日面月面公案的感悟：「打殺黃鶯兒，莫教枝上啼。幾回驚妾夢，不得到遼西。」（《五燈會元》卷18〈天遊〉）詩中所說的「黃鶯」，包含著三層喻義：⑴指「日面佛，月面佛」，「打殺黃鶯」指拂卻短暫與永恒的對立。⑵指馬祖回答日面月面的公案，「打殺黃鶯」指掃除對此公案的種種知性理解。⑶指法演的頌詩，「打殺黃鶯」指掃除對此頌詩的種種知性理解。黃鶯驚擾閨中人，影響春夢，所以要打殺。將一切影響心性的東西都清除後，「妾」（參禪者）就可以夢中奔赴良人的所在，與良人（本來面目）相會。禪師巧借妙用，信手拈來觸處春。

趙州勘婆公案，也是禪宗經常參究的一則話頭。慧南跟隨楚圓參禪，楚圓以此公案勘驗他，慧南汗下不能答，後來大悟作頌:「傑出叢林是趙州，老婆勘破沒來由。而今四海清如鏡，行人莫與路為仇。」說趙州是叢林中傑出的禪師，沒來由就勘破了臺山婆子的機鋒。趙州勘破了臺山婆子之後，大道平坦如鏡，行人（參禪者）就不會再次落入機鋒而跌倒在路上了。詩作好後呈獻給楚圓，楚圓用手指「沒」字，慧南心領神會，改成「有」字，楚圓這才加以印可（《五燈會元》卷17〈慧南〉）。向婆子問路的人接二連三，沒有主見，這些人其實都跌倒在大路上了。臺山婆一番又一番地勘破了學人，機鋒陡峻。而趙州前去勘破臺山婆的舉措，遠遠超出了問話的學僧和答話的臺山婆子，所以是頗「有」來由。克文頌此公案說:「似狂不狂趙州老，或凡或聖人難曉。是非長短任君裁，老婆被伊勘破了。」意思是說趙州的舉措表面上看似癲狂，實則很有章法，他的行為或凡或聖，旁人難以窺探到他的底子。任你評說是非長短，趙州卻不落是非長短，所以臺山婆子是敗在了趙州的手下。心聞賁頌為:「勘破了，有誰知？春風過後無消息，留得殘花一兩枝。」(《續古尊宿語錄》卷4〈心聞賁〉）以花喻趙州勘婆公案的真意，說趙州勘破了婆子，其要義到底在什麼地方？世人大多不得而知。這真意如同春花凋逝在風吹雨拂中，如今只留下了一些痕影，任後人揣測、辨認罷了。而龍鳴賢之頌，則成了一首風情裊裊的豔詩（《五燈會元》卷18〈龍鳴賢〉）：

冰雪佳人貌最奇，常將玉笛向人吹。
曲中無限花心動，獨許東君第一枝。

此詩完全脫離了公案本身，宛如一幅精緻優美的玉人撫笛圖。紅袖佳人撫弄長笛，奏出美妙天樂。笛聲飄處，花心歡忭沉醉。在無數聞笛顫舞的花心中，獨有東君鍾愛的那枝最能感受到笛聲妙韻，與撫笛人心心相印。冰雪佳人，取意於《莊子·逍遙遊》「藐姑射之山」上「肌膚如冰雪，綽約如處子」的「神人」，詩中喻勘驗眾僧的臺山婆。作者完全忽略了臺山婆與青春佳人在外貌上的差異，在「冰雪」氣質上發現兩者的共性。佳人撫笛，喻臺山婆子以禪機勘驗僧人。「無限花心動」，喻眾僧回應臺山婆子的機鋒。「獨許東君第一枝」，喻在眾多的禪僧中，以趙州尤為傑出，與婆子心心相印。

七、黃龍宗禪詩與古典詩詞

黃龍宗禪人有豐厚的古典詩詞修養。黃龍宗禪人對古典詩詞極為熟稔，在應機示法時，常常引用、化用古典詩詞成句、意境。以下是較典型的幾種。

寫精神家園之美、客況淒涼的，有晦堂的〈晚春道中〉：

「江邊草色和煙碧，嶺上雲容帶雨飛」（《黃龍四家錄·晦堂心》），化用江淹〈別賦〉「春草碧色」典故；〈早秋示眾〉「圭月漸成魄」（同上），熔鑄《別賦》「秋月如圭」意境；晦堂上堂法語「風蕭蕭兮木葉飛」（同上），也借用了《楚辭》句式和辭彙。這些詩句，形象地表達了家園景色之美、流落他鄉的落寞，使詩歌具有哀感頑豔的魅力。

寫對回歸的渴望和對回歸無望之歎喟的，有克文〈百丈野狐〉的「相逢盡道休官去，林下何曾見一人」（《古尊宿語錄》卷45），借靈澈〈答韋丹〉成句，喻世人參禪，都知道要休心息念，但卻很少有人能夠真正歇卻機心。

寫師家粉碎疑情使學人明心見性的，有守卓的禪偈，以「斫卻月中桂，清光應更多」（《續古尊宿語錄》卷1〈長靈卓〉）作為師家職責，係借用杜甫〈一百五日夜對月〉成句，表示禪者說法，旨在蕩除遮蔽本心的妄念，使晶瑩如月的自性熠熠生輝。

寫自性超越特性的，有文準的「廬山瀑布水，不知得幾千萬年。今古長如白練飛，一條界破青山色」（《續古尊宿語錄》卷一〈湛堂准〉），借用徐凝〈廬山瀑布〉成句，喻自性的永恒絕對，超越了相對的意識。

寫領悟掣電禪機的，有黃龍〈靈雲見桃花悟道〉：「二月三月景和融，遠近桃花樹樹紅。宗匠悟來猶未徹，至今依舊笑春風。」（《黃龍錄》）詩意脫胎於崔護〈題城南莊〉：「去年今日此門中，人面桃花相映紅。人面不知何處在，桃花依舊笑春風。」崔詩寫踏春見桃花時勾起的繾綣情懷，慧南詩則以省略的「人面不知何處在」，暗示見桃花悟道的真正意旨已經在參禪者尋思擬議之際飛逝而去，留下夭夭桃花「至今依舊笑春風」，喻靈雲悟道因緣對鋸解秤錘者的嘲諷。

寫禪學感悟心理基礎的，有祖珍示法時所引的詩，謂「九月重陽，以何為佛性義？竹葉於人既無分，菊花從此不須開」（《續古尊宿語錄》卷4〈別峰珍〉）。「竹葉」兩句，係杜甫〈九日〉成句，「竹葉」指美酒。當時杜甫患病不能飲酒，故用戲謔的口氣說，既然不能飲酒，淡了賞菊的雅興，菊花從此也可以不開了。禪師借用此詩，喻禪悟主體沒有作好心理準備，就無法進行直覺觀照。

寫禪悟妙境的，有祖珍引用的禪詩「曲終人不見，江上數峰青」（《續古尊宿語錄》卷4〈別峰珍〉），借用錢起〈湘靈鼓瑟〉成句，意為美妙清揚的歌曲終了，始終不見演奏者的身影，只看到連山脈脈蒼翠如黛，象徵空明的悟境，不落任何痕跡的妙景。

寫禪者依依惜別的，有晦堂的〈晚春將出郡城留別二三道友〉：「長亭煙柳正搖春，杜宇聲聲送曉昏。花落可堪傷謝客，草芳何獨怨王孫。」（《黃龍四家錄·晦堂心》）長亭、煙柳、杜宇、落花、謝客、芳草、王孫，都是古典詩詞中常用的辭彙和意象。晦堂又有〈逢劉居士〉：「去年別我龍沙岸，今日逢君楚水濱。相別相逢兩無語，落花啼鳥又殘春。」（同上）堪與杜甫〈江南逢李龜年〉相媲美：「岐王宅裡尋常見，崔九堂前幾度聞。正是江南好風景，落花時節又逢君。」迴環詠歎，在無言之中透露出落寞惆悵。慧南〈送著維那〉「送行唯託金輪月，夜夜相隨到別溪」(《黃龍錄》)，頗得李白聞〈王昌齡左遷龍標遙有此寄〉「我寄愁心與明月，隨風直到夜郎西」的神韻，表現了禪者不忘人性而又超乎人生的精神世界。

寫對禪林風氣不古之感歎的，有西蜀鑾禪師的詩偈。鑾禪師用峻烈機鋒接引學人，不拘泥名相，求法之人紛紛離去，禪師遂說偈罷講:「眾賣華兮獨賣松，青青顏色不如紅。算來終不與時合，歸去來兮翠靄中。」(《五燈會元》卷18〈西蜀鑾〉)熔鑄鄭谷〈感興〉「禾黍不陽豔，競栽桃李春。翻令力耕者，半作賣花人」意境，克文上堂也徑截引用了鄭谷此詩批評禪林趨新騖淺的風氣。

寫悟道後灑脫寫意的，有文准「高吟大笑意猖狂，潘閬騎驢出故鄉。驚起暮天沙上雁，海門斜去兩三行」(《續古尊宿語錄》卷1〈湛堂准〉)。前兩句化用李白〈南陵別兒童入京〉「仰天大笑出門去，我輩豈是蓬蒿人」意境，而後兩句則徑用李涉〈潤州聽暮角〉成句。將兩者綰聯在一起，天衣無縫，宛如自家胸臆流出；寫即幻即真的自然清景的，有克文的〈和仙上人秋夜對月〉:「風傳喬木時時雨，泉瀉幽岩夜夜琴。」(《古尊宿語錄》卷45) 深得白居易〈江樓夕望招客〉「風吹古木晴天雨，月照平沙夏夜霜」之神韻。

由此可見，在接機說法的各個層次，諸如流離之歎、回歸之望、接機、悟道、禪悟心理基礎等諸多方面，黃龍宗禪人無不熔鑄古典詩詞成句、意象，或隨手拈來，全同己出；或別鑄新詞，得骨得髓。這種創造性的運用，豐富了黃龍宗禪詩的藝術表現力，增加了迴環唱歎、蘊藉流宕、意趣深遠、詞采挺秀的藝術魅力，透露著古典詩詞的神采韻致，起到了百花逗春色的藝術效果。

禪宗詩歌的審美境界

心若停止流動，即成腐水。

心必須流動，感受外境。

在流動時保持它的幽玄微妙，在無心中映現萬象，

而不注入任何東西，這便是「幽」。

這樣，才能心隨境轉，又超乎其境，

「隨流」之時仍不失本心的虛明，

以獲得超越憂喜的安詳與寧謐。

禪宗詩歌表達了獨特的禪悟體驗，其審美境界範型是一切現成現量境、能所俱泯直覺境、涵容互攝圓融境、隨緣任運日用境。現量境觸目菩提，不容擬議；直覺境水月相忘，空明澄澈；圓融境珠光交映，重重無盡；日用境饑餐睏眠，脫落身心。

一、觸目菩提現量境

現量境一切現成，不假推理，它是原真的、即時呈顯的、未經邏輯理念干預的境界，正如《華嚴經》卷43所云，它「不依文字，不著世間，不取諸法，不起分別，不染著世事，不分別境界，於諸法智，但應安住，不應稱量」。不可用比量來推知揣度，是現量境的根本特點。僅憑知性邏輯並不能達成禪悟，不落二邊的禪不可以計量解會。禪既不能思量，也不能不思量。落入思量，禪就會蛻化成空洞的概念、抽象的名詞；墜入不思量，反理性的弊病就會產生。禪建立在非思量的基礎之上，是超越了思量和不思量的現量。現量本是因明用語，指感覺器官對於事物原真態的直接反映，純以直覺去量知色等外境諸法的自相，如眼見色、耳聞聲，未加入思維分別，毫無計度推求等作用。與現量相對的是比量，比量是以分別之心，比類已知之事，量知未知之事，如見煙比知彼處有火。「所謂胸襟流出者，乃是自己無始時來現量，本自具足，才起第二念，即落比量矣。比量是外境莊嚴所得之法，現量是父母未生前、威音那畔事」(《大慧錄》卷22)，禪的「現量」，指不容情塵計較直契本來面目的禪悟觀照。

佛教禪宗把山水自然看作是佛性的顯現，青青翠竹，盡是法身；郁郁黃花，無非般若。在禪宗看來，無情有佛性，山水悉真如，百草樹木作大獅子吼，演說摩訶大般若，自然界的一切莫不呈顯著活潑的自性。蘇東坡遊廬山東林寺作偈(《羅湖野錄》卷4)：

溪聲便是廣長舌，山色豈非清淨身。
夜來八萬四千偈，他日如何舉似人？

潺潺溪水，如同佛陀的廣長舌，徹夜不停地宣說著微妙佛法；蔥鬱青山，明明白白地呈露著清淨法身。溪水流珠濺玉，宣說著千千萬萬首禪偈，它們是如此的豐贍，凡夫之舌又怎能將它的妙義傳達給別人？黃山谷的開悟，也得益於對山水真如的感悟。山谷參晦堂，多次請求禪師指示佛法的徑捷入門。一日侍行之際，岩桂盛放，暗香浮動，晦堂遂借用「吾無隱乎爾」開示山谷，山谷豁然大悟。禪道明明白白地呈露在眼前，如果捨近求遠，就不會聞到岩桂幽香，從香悟入。晦堂將仲尼之「吾」，置換成自然之「吾」，正表徵了對山水真如的體證。禪僧吟頌山谷開悟公案云(《頌古禪宗聯珠通集》卷39石溪月頌)：

渠儂家住白雲鄉，南北東西路渺茫。

幾度欲歸歸未得，忽聞岩桂送幽香。

「白雲鄉」是白雲萬里之外的鄉關，是精神的故里。遊子思歸，多少次努力都沒有成功，因為歧路太多，找不到回家之路。忽然間岩桂送幽香，嗅聞之際，靈光乍現，方悟大道就在目前，故鄉就在腳下。詩人心有靈犀，於岩桂飄香之際頓見本心。

由於萬物皆是佛性的顯現，呈現在人們面前的乃是一切現成的圓滿自足：「月白風恬，山青水綠。法法現前，頭頭具足。」（《五燈會元》卷15〈文慶〉）對圓滿自足的現量境，只有泯然忘我，脫落情塵，作即物即真的鑑賞，才能得其三昧，所謂「處處逢歸路，頭頭達故鄉。本來成現事，何必待思量」（同上，卷6〈本如〉）。

二、水月相忘直覺境

中華民族傳統的觀物方式，是以我觀物、以物觀物。以我觀物，故萬物皆著我之色彩；以物觀物，故不知何者為我，何者為物。而禪宗的「觀物」方式，則是迥異於這兩者的禪定直覺，它不是觀物論，而是直覺論。它的關鍵是保持心靈的空靈自由，即《金剛經》所說的「應無所住而生其心」。無住生心是金剛般若的精髓，對禪思禪詩產生了深刻的影響。

慧能在《壇經》中，即提出「立無念為宗，無相為體，無住為本」。體現無住生心的範型是水月相忘。不為境轉，保持心靈的空明與自由,即可產生水月相忘的審美觀照:「雁過長空，影沉寒水。雁無留蹤之意，水無留影之心。」(《五燈會元》卷16〈義懷〉)「寶月流輝，澄潭布影。水無蘸月之意，月無分照之心。水月兩忘，方可稱斷。」(同上，卷14〈子淳〉)「無所住」並不是對外物毫無感知、反應，在「無所住」的同時，還必須「生其心」，讓明鏡止水般的心涵容萬事萬物。事情來了，以完全自然的態度來順應；事情過去了，心境便恢復到原來的空明。「無所住」是「生其心」的基礎，「生其心」的同時必須「無所住」。呂溫〈戲贈靈澈上人〉:「僧家亦有芳春興，自是禪心無滯境。君看池水湛然時，何曾不受花枝影?」禪者既有芳春興又不滯於芳春興，禪心一似清湛的池水，映現著世上萬事萬物的影子，但受影的同時，仍然保持澄明平靜，這就是:

> 心隨萬境轉，轉處實能幽。
> 隨流認得性，無喜亦無憂。

心若停止流動，即成腐水。心必須流動，感受外境。在流動時保持它的幽玄微妙，在無心中映現萬象，而不注入任何東西，這便是「幽」。這樣，才能心隨境轉，又超乎其境，「隨流」之時仍不失本心的虛明，以獲得超越憂喜的安詳與寧謐。

存在而超越，充實而空靈，竹影掃階塵不動，月穿潭底水無痕。風來疏竹，風過而竹不留聲；雁度寒潭，雁過而潭不留影。

對水月相忘的無心之境，禪宗以「井覷驢」來象徵。曹山問德上座:「『佛真法身，猶如虛空，應物現形，如水中月』，作麼生說『應』底道理?」德上座說「如驢覷井」，曹山說只道得八成。德上座問曹山怎樣看，曹山說:「如井覷驢。」(《曹山元證錄》)「驢覷井」還有主觀的成分在內，「井覷驢」則完全消泯了主觀意念的中介性，主客俱泯，能所雙亡，超越了情識分別，是不可思議的直覺境。對此，禪詩中有極其生動的吟詠（分別見《禪宗頌古聯珠通集》卷35〈佛性泰頌〉、卷27〈方庵顯頌〉）:

銀碗裡盛雪，冰壺含寶月。
縱具四韋馱，到此虛搖舌。

牽驢飲江水，鼻吹波浪起。
岸上蹄踏蹄，水中嘴連嘴。

「銀碗裡盛雪」是巴陵答僧「如何是提婆宗」語，表達「冰壺含寶月」的通體澄明、能所俱泯之境：冰壺含寶月，寶月含冰壺，身心一如，不復分別，縱使熟吟了古印度的聖經四韋陀，對此境界也無容置喙。「牽驢飲江水」係詠九峰無心合道公案。僧問十二時中如何合道，九峰答：「無心合道。」無心合道，猶如牽驢飲江水，鼻吹波浪起。岸上蹄踏水中蹄，水中嘴連岸上嘴，驢飲江，江飲驢，一片天機，不容湊泊。從「驢覷井」到「井覷驢」，猶如從「月在水」到「水在月」。牛頭未見四祖時「如月在水」，既見之後則「如水在月」。「水在月」時的「月在水」，較之「月在水」時的「水在月」，能所雙亡，圓融互攝，是高華澄澈的審美境界。

三、珠光交映圓融境

禪詩的圓融境深深地烙上了華嚴思想的印痕。華嚴思想的根本特徵是圓融，表達圓融妙喻的是《華嚴經》中奇妙的帝釋天之網。它取材於印度神話，說天神帝釋天宮殿裝飾的珠網上，綴聯著無數寶珠，每顆寶珠都映現出其他珠影，並映現出其他寶珠內所含攝的無數珠影。珠珠相含，影影相攝，重疊不盡，映現出無窮無盡的法界，呈顯出博大圓融的絢麗景觀。圓融是華嚴的至境，也是禪的至境。表達圓融境的禪詩，彰顯著帝網交光、重重無盡、圓融諧和的美感特質。

在所有現象中，最有代表性的是時間與空間。禪詩的時間圓融境，表現為過現未三際的迴互交融：「過去一切劫，安置未來今。未來現在劫，回置過去世。」在多維的涵容互攝中，過現未的對峙得到了消除：「如何是禪師?」「今年早去年!」現在被回置到了過去，時間的單向流向變成了雙向互攝：「三冬陽氣盛，六月降霜時」、「焰裡寒冰結，楊華九月飛」、「三冬華木秀，九夏雪霜飛」、「半夜日頭明，日午打三更」成了禪宗時間觀念的典型表述。「無量劫一念，一念無量劫」，對時間長短的互攝，禪宗也有超妙之悟:「宗非延促，一念萬年」。祖秀的禪詩兼括了時間的三際迴互與一念萬年兩重意蘊(《五燈會元》卷18)：

枯木岩前夜放華，鐵牛依舊臥煙沙。
儂家鞭影重拈出，一念回心便到家。

枯木綻花，是枯萎與新生的互攝；夜晚開花，是夜晚與白晝的互攝；鐵牛臥煙沙，是無情與有情的互攝；一念到家，是一念與曠劫的互攝……在這剿絕思量的禪境中，蘊含著時間圓融的至妙境。

《維摩經・不思議品》說「以四大海水入一毛孔」，而大海本相如故。《華嚴經》將此妙諦發揮到了極致:「一一毛孔中，億刹不思議。種種相莊嚴，未曾有迫隘。」(《華嚴經》卷10）在一微塵、一毛孔中，有無數大海、億萬佛刹，以及須彌、鐵圍所組成的蓮花藏世界。不論是大海、佛刹、須彌、眾生，容於一微塵、一毛孔時，都不失其本來相，絲毫沒有壓迫狹隘之感，故萬松老人謂:「《維摩》毛吞大海名小不思議經，《華嚴》塵含法界名大不思議經。」(《從容錄》第84則）這種觀念對禪宗影響尤巨，禪宗以「萬柳千華暖日開，一華端有一如來」的超悟詩境作為象徵。

理事圓融也是禪宗審美的一個重要內容。禪宗詩歌中運用了大量鮮明可感的藝術形象，表達理事圓融的審美感悟。玄覺大師《證道歌》云:「一性圓通一切性，一法遍含一切法。一月普現一切水，一切水月一月攝。」是禪宗表達理事無礙的名句。在五家七宗中，曹洞宗對理事關係尤為注重，並將理事無礙作為宗風。

最能表徵禪宗圓融觀念的，是現象圓融境。按照華嚴宗旨，本體由現象呈現，現象與現象之間均為本體之呈現，因而可以相互呈現，故不必於現象界之外尋求超現象的世界，不必離現象求本體，不必離個別求一般。這就打通了眾生與佛、現象與本體、個別與一般的隔絕，而達到圓融無礙。克文〈法界三觀〉其三:

事事無礙，如意自在。
手把豬頭，口誦淨戒。
趁出婬坊，未還酒債。
十字街頭，解開布袋。

將事事無礙境表達得淋漓盡致，表達了現象的當體就是本體的體悟。智通〈法界觀〉云:「物我元無異，森羅鏡像同。明明超主伴，了了徹真空。一體含多法，交參帝網中。重重無盡處，動靜悉圓通。」(《五燈會元》卷18〈智通〉)紅塵滾滾萬象森羅的大千世界裡，有情與無情、個體與族類、高峻與深幽、光明與黑暗，都是同時具足相應的緣起法，縱橫交錯，珠珠相含，影影相攝。它們在光華溢目的毗盧遮那佛照耀之下，顯現出一真法界的莊嚴絢麗。宇宙萬象，互為緣起，又各住自位，呈顯出千奇百狀的生命樣態，自在自為地嬗演著大化的遷變紛紜、起滅不綴、看朱成碧。在這重重無盡的法界中，情與非情，飛潛動植，靜雲止水，鳶飛魚躍，都彰顯著圓通法門。圓融之境超越了一切對立。在世俗之眼中對峙、矛盾的意象，在禪詩中形成了不可湊泊的禪定直覺意象（《善慧錄》卷3）：

> 空手把鋤頭，步行騎水牛。
> 人從橋上過，橋流水不流。

這些意象在世俗之眼中之所以矛盾、對峙，是由於經過了邏輯二分法的篩子的過濾。而經由了二分法篩子過濾的邏輯經驗，已不是純粹的經驗。當我們看見一座橋而稱它為橋時，以為這個認識是最後的，但是事實上只有當它被概念化之後，這個認識才有可能。在禪的立場上看，真正的「橋」存在於「橋」的概念之前。當概念干預現量後，橋只有依賴於非橋才得以成為橋。圓融體驗存在於概念化作用之前，要充分體其三昧，就必須躍出邏輯的囚室。般若智觀將矛盾、對峙的世俗意象，轉化為圓融、和諧的直覺意象。這是超越了一切對立、消解了一切焦慮、脫落了一切黏著的澄明之境。它是一段論的直覺方法，如果用二元相對的眼光來看待，則如蚊子叮鐵牛，永遠也不可能透過。

四、饑餐睏眠日用境

禪詩的事事圓融境消解了一切對立，攪酥酪醍醐為一味，熔瓶盤釵釧為一金，是撞破乾坤共一家的超悟境界。但禪之所以為禪，還在於它不斷地否定、不斷地超越。禪宗不但對理事無礙進行超越，而且對事事無礙進行超越，且超越而沒有超越之念：「文殊普賢談理事，臨濟德山行棒喝。東禪一覺到天明，偏愛風從涼處發。」（《五燈會元》卷20〈守淨〉）不論理事圓融、事事圓融，還是臨濟喝、德山棒，在饑餐睏眠、秋到風涼的自在自為中，都脫落無痕。由此生發了禪詩審美感悟隨緣任運的日用境。

為了掃除學人向外尋求的意念，禪宗將修行與生活一體化，反對外向修道，而主張內照式的修道。源律師問慧海修習禪道是否用功，慧海說用功，「饑來吃飯，睏來即眠」，源律師認為這與別人並無兩樣，慧海說並不一樣，因為「他吃飯時不肯吃飯，百種須索；睡時不肯睡，千般計較」。饑餐睏眠，是禪宗隨緣任運、率性適意精神境界的形象表述。禪者的身心永遠保持一致，在日用的每一細節上，都感受到人性的純真。因此，禪宗對隨緣任運尤為注重，九頂惠泉甚至以

「饑來吃飯句、寒即向火句、睏來打眠句」作為「九頂三句」，與雲門三句相提並論。守端則以「饑來要吃飯，寒到即添衣。睏時伸腳睡，熱處愛風吹」作為「四弘誓願」。可見，離開饑餐睏眠而追求禪道，不異南轅北轍。

中華民族所追求的真理，表現在民生日用之中。饑餐睏眠就是日用境，真理存在於聲色言語、日常生活之中。宗教行為，從發心、修行、證悟到涅槃，構成一個無限的圓圈，其中每一點既是開端也是終點。大道既然在聲色語言之中，求道之人就不可迴避聲色語言，與世隔絕，而要在日常生活中感受到真理的搏動。馬祖提出「平常心是道」，「平常心」即本來的心、自然的心，也就是不受任何私欲障蔽的心。禪的體驗離不開日常生活，要在日常生活中如吃飯、洗缽中都感悟到真實才是修行。禪宗對離開日用別求玄妙的傾向予以批評，主張隨緣任運，將禪道落實於日常生活，化為親切平易的人生境界，否認離開生活去求「玄中玄」。龐蘊偈云（《龐居士語錄》卷上）：

日用事無別，唯吾自偶偕。
頭頭非取捨，處處勿張乖。
朱紫誰為號，丘山絕點埃。
神通併妙用，運水與般柴。

可見，禪的神通妙用，就是運水搬柴這些看似微不足道的小事。只要運水時運水，搬柴時搬柴，就是莫大的神通妙用。日用無非道，安心即是禪。佛法存在於日用中，是「吃茶吃飯隨時過，看水看山實暢情」式的「平常心合道」，能在日用中體現出高情遠韻就是禪，無門慧開頌平常心是道，生動地描繪了禪的日用境（《無門關》第19則）：

春有百花秋有月，夏有涼風冬有雪。

若無閒事掛心頭，便是人間好時節。

「閒事」指妨礙平常心的事，亦即浪費心智的事。心靈的明鏡若蒙上了閒事的塵垢，則反映出來的萬事萬物亦將失其本真。一旦拋開世俗的名利欲望，那麼無論在哪裡，樓臺上的月色都清麗明亮。

禪詩審美境界的內涵極為豐厚，為了說明的方便，本文從四個層面進行探討。實際上這四個層面既有獨立性，更有關聯性。現量境觸目菩提，剿絕情識，不容湊泊，要求審美「主體」以空靈之心原真地直觀審美「對象」，這就是能所俱泯的直覺境；禪宗認為，能所俱泯的直覺境，是萬物互融互攝，處於重重無盡的緣起中，這便是珠光交映的圓融境；圓融得脫落了圓融念，便是禪的平常心，由此形成了隨緣任運的日用境。

名僧禪詩賞析

春有百花秋有月，

夏有涼風冬有雪。

若無閒事挂心頭，

便是人間好時節。

在本書的以上部分，我們探討了慧能大師的悟道偈、五家七宗禪詩、禪詩對禪悟境界的表現。這裡，再就一些歷史上膾炙人口的禪詩名篇進行賞析。這些著名禪詩的作者，本身也是禪宗史上極其著名的人物。

一、王梵志禪詩

王梵志的詩，語言淺近，詼諧通俗，意味雋永，廣泛流傳於民間，並為禪師上堂時經常引用。他的詩大多像佛家的五言偈語，主要描寫民間疾苦，宣傳佛教行善積德等思想。

㈠城外土饅頭

城外土饅頭，餡草在城裡。
一人吃一個，莫嫌沒滋味。

饅頭代表墳墓，喻示著死亡。有饅頭必有餡，而這餡不是別的，就是碌碌風塵的世人！在禪宗看來，死亡是一種自然現象，不論是達官顯貴，還是販夫走卒，最終終須一個土饅頭了斷。不管你喜歡不喜歡它，這個饅頭你都是吃定了的，它是一個人的命運與歸宿。只可歎那些活在城裡的人，追名逐利，爾虞我詐，卻不知他自己是城外「土饅頭」裡的「餡草」呢。死亡是不以人的意志所能轉移的。勇敢地直面死亡，平靜地對待死亡，才能體味到生之可貴。作者的另一首詩可與此互參:「世無百年人，強作千年調。打鐵作門檻，鬼見拍手笑。」人生不滿百，可是多少人仍然在那裡做著千年美夢。他們用鐵來打造堅固的門檻，以阻止無常的進入。這種行為只會招致那擋不住的無常之鬼的拍手大笑。

王梵志的這類詩通俗平淡而深蘊哲理，因而深得後人喜愛，蘇軾、黃庭堅、范成大、曹雪芹等著名詩人、文學家都極為讚賞，並有仿作。范成大詩「縱有千年鐵門檻，終須一個土饅頭」，為《紅樓夢》中妙玉所激賞，更是婦孺皆知的名句。

㈡觀影元非有

觀影元非有，觀身一是空。
如採水底月，似捉樹頭風。
攬之不可見，尋之不可窮。
眾生隨業轉，恰似夢寐中!

王梵志的詩向來以通俗著稱，然而在淺俗的形式中往往蘊含著詩人對世事的深刻的理解。這首詩也正是如此。

「觀影元非有，觀身一是空。」人的影子是虛幻不實的，這是眾所周知的道理，但作者的看法不停留於此，而是更進一步:觀看這個影子所賴以產生的身體吧，它本來也是空的!

為什麼呢?佛教認為人是由四大(地、水、火、風)、五蘊(色、受、想、行、識)構成的,因而所謂的有生死的「我」的實體並不真正存在,這就是「無我」。《四十二章經》卷20說:「佛言:當念身中四大,各自有名,都無我者。」《圓覺經》則說得更徹底:「恒作此念:我今此身四大和合,所謂毛髮爪齒、皮肉筋骨、髓腦垢色,皆歸於地;唾涕膿血、津液涎沫、痰淚精氣、大小便利,皆歸於水;暖氣歸於火;動轉歸於風。四大各離,今者妄身當在何處?」

「如採水底月,似捉樹頭風。」這兩句是對上詩的形象化說明。佛教常以水中月比喻事物沒有實體性。《大智度論》卷6說:「解了諸法,如幻、如焰、如水中月……如鏡中像,如化。」水中月即鏡中像,也就是影子。這個「影」是「元非有」的,當然「採」不得了。「樹頭風」同樣是虛幻不實的象徵。風掠過的地方,只見樹梢擺動,風的特性是流動的,形體是虛無的,一旦你「捉」住了它,它也就不成其「風」了。所以人們永遠無法捉住樹頭風,正像無法主宰自己的身體一樣。

既然這個影、這個身都是「空」,那麼,以空的眼光來看,影就是身,身也就是影了。這樣就水到渠成地引出下兩句:「攬之不可見,尋之不可窮。」兩句互文見義,「攬」與「尋」同義,即上兩句的「採」、「捉」。「見」,得到;「窮」,窮盡,在這裡意思同「得到」。這兩句是上兩句所描述的動作的結果,也是上兩句的潛臺詞。然而這潛臺詞的本身又隱藏著自身的潛臺詞:既然世間一切事物皆空,我們永遠無法把握,應該持什麼樣的態度呢？答案是，以不變應萬變！四大假合成我們的「身」，名譽、地位、金錢、美色則是這個「身」的「影」，連身體都是空的，又何況身外之影！「且夫天地之間，物各有主，苟非吾之所有，雖一毫而莫取！」我們如去刻意求取那份原本不屬於我們的東西，到頭來只能得到一種永久的虛空罷了。因此，對天地萬物，都不能執著貪取，這樣便可超出美醜、善惡、是非的二元對待的觀念，而進入澄明的禪悟之境。可事實上，眾生——一切有情識、憑藉眾緣而合成的人——又是怎樣的呢？

「眾生隨業轉，恰似夢寐中！」眾生愚癡，作繭自縛。他們以愚癡為父，貪愛為母，由此產生了一切煩惱惡業。「業」是梵語的意譯。它包括行動、語言、思想三個方面，分別稱身業、口業、意業。業有善有惡，一般偏指惡業，所謂「由心有癡愛，癡愛乃有業」（釋惠洪〈獄中暴寒凍損呻吟〉）。佛教認為眾生在六道生死輪迴，是由業決定的。「隨業」，即一切眾生因其善業、惡業而招致的種種結果。敦煌寫本《廬山遠公話》云：「隨業受之，任他所配。或居地獄，或在天堂，或為畜生，或為餓鬼。六道輪迴，無有休期。」「隨業轉」，也就是《法華經・序品》「六道眾生，生死所趣」之意。「夢寐」，佛家喻虛幻不實。《維摩經》說：「是身如夢，為虛妄起；是身如夢，為虛妄見。」《大智度論》卷6云：「如夢者，如夢中無實事謂之為實，覺已知而還自笑，人亦如是。」眾生由於不明影空、身空的道理，採水底月，捉樹頭風，便永遠輪迴於六道之中：「譬如機關由業轉，地水火風共成身。隨彼因緣招異果，同在一處相違害，如四毒蛇居一篋」（《最勝王經》卷5）。眾生的悲哀，在於他們身在夢中而不知其為夢，那麼何日是他們覺醒之時呢？在這一點上，禪風大盛的宋代詩人的認識倒比較清醒：「人生孰非夢，安有昏旦異？心知目所見，歷歷皆虛偽」（釋惠洪《大雪晚睡夢李德修》）；「是身已作夢幻想，肯復經營此身外？」（前人《次韻思禹見寄》）；「窗外塵塵事，窗中夢夢身。既知身是夢，一任事如塵」（范成大《十月二十六日三偈》）。然而這種聲音在王梵志的時代、在「眾生」中畢竟是太少了。

這首詩在藝術上也頗有特點。首先，前六句為三組排比句，如駿馬注坡，氣勢壯闊，醒出後兩句，有振聾發聵、當頭棒喝之效。其次，詩中雖然用了排比句，表達意思時卻並沒有一瀉無餘，而是在排比句結束處作一停頓，留下了一個想像空間，讓讀者去解「其中意」。末二句冷峭警拔，蘊含著作者無限的悲哀。其三，哲理、形象、情感水乳交融。這首詩所要說明的是萬物皆空、人們應以禪的態度來生活這樣一種哲理，但詩中卻用了影、身、水底月、樹頭風、夢寐等等形象，且與之聯繫的動詞觀、採、捉、攬、尋等，也具有很強的形象性。這就使得非有、空這些形而上的概念，容易被一般人所知曉，且加深其理解。在整首詩的字裡行間都激盪著詩人悲天憫人的情感。

可見，通俗只是王梵志詩的外殼，雋永、深沉才是它的內核。

㈢死王羨活鼠

死王羨活鼠，寧及尋常人？
得官何須喜，失職何須憂。
不可將財覓，不可智力求。
倘來可櫃藏，任去不可留。
任來還任去，運命何需愁？

這首詩的主旨，是指示人們走出患得患失的心理沼澤，去過隨緣任運、澄明覺悟的生活。

地位只是暫時寄旅在人身上的東西。死去的國王，對一隻活的老鼠都心生羨慕，又哪裡比得上一個普通人？普通人也有普通人的樂趣，他們是無需羨慕老鼠的。所以，得官時不必高興，失職時也不必憂愁。我們不能用財富、智力去謀求它，因為它只是意外的、偶然而來的東西。該出仕的時候就出仕，該退隱的時候就退隱。官職來去兩由之，我們又何必為它發愁？

這首詩的禪味很濃，並且洋溢著莊子的氣息。莊子認為，懂得調養自己心性的人，任何能夠引起哀樂的事情也不能改變他，因為他知道平靜地對待命運，安之若素。《莊子‧繕性》篇說：「古之所謂得志者，非軒冕之謂也，謂其無以益其樂而已矣。今之所謂得志者，軒冕之謂也，軒冕在身，非性命也，物之儻來，寄者也。寄之，來不可圉，其去不可止。故不為軒冕肆志，不為窮約趨俗，其樂彼與此同，故無憂而已矣！今寄去則不樂。由是觀之，雖樂，未嘗不荒也。故曰：喪己於物，失性於俗者，謂之倒置之民。」——古代人的得志，並不是享有高官厚祿，而是他感到得到了最大的心靈滿足；而現在的人所謂得志，只是因為暫時寄託他們身上的官運的來臨。殊不知寄託在身上的東西，來時難以抗拒，去時無法挽留。所以通達的人，不會為顯達而洋洋得意，也不必因窮困而趨炎附勢。道德高尚的人對待軒冕與窮約一樣樂觀，所以無憂無慮。現在的人，如果這種寄託一時的外來之物一旦失去，就會憂心忡忡。由此看來，今天的人雖然由於得到了軒冕而快樂，但其志已荒疏，這就是為了追求外物、患得患失而葬送了自己，由於受時俗的影響而喪失了本性，這就是所謂本末倒置呀！

讀了《莊子》的這段話，我們不難發現，王梵志這首詩簡直是莊子哲語的韻文版。事實上，莊禪本來就是不分的。這一點近、當代的研究者們大多已經意識到了。鈴木大佐的《禪學講座》在談東西方思想的差異時，舉出富有禪意的東方思想代表人物就是莊子，這是意味深長的。徐復觀、李澤厚等人在其著作中也指出了莊禪合一。禪宗認為，名譽、地位、財富常會蒙蔽了真實澄明的本心；有了得失之念，就有了悲歡喜惡。而禪者應該超越悲歡、喜惡、得失，隨緣即是福；一切相對的好惡、有無、貧富等等，都是分別心。分別的心使外界的一切都變成了我們桎梏。心中執有分別心，便不能見到真實。所以，凡是涉及到相對的見解，都應該加以揚棄，片刻也不讓它停留心中。把這些對立的觀念全打消了，禪悟之境才會出現。慧能說：「無者，無二相，無諸塵勞之心，……六根雖有見聞覺知，不染萬境，而真性常自在」（《壇經·定慧品》）。得失、憂喜、尊卑、來去、窮通、貧富、有無等等，即是「二相」，執著「二相」，必將障蔽本心本性，因此禪宗把這種煩惱妄看成是「塵勞」。塵指情塵，塵垢；勞指勞累、煩擾。這與《金剛經》名句「應無所住而生其心」息息相通：用不拘束的心，去做一切事情。高興時不為高興所拘束，悲哀時不為悲哀所局限，不為外物所奴役驅使，便得以解脫。

王梵志的這首詩，弘揚的就是這種禪的態度。只要消除了分別心，即可超越得失、憂喜，走出相對的沼澤，活出自在的人生。

在這首詩的底層，我們聽到了莊禪相視的淵默的微笑。

㈣照面不用鏡

照面不用鏡，布施不用財。
端坐念真相，此便是如來。

這首小詩談的,是禪宗十分重視的發現自性尋找真我的問題。

「照面不用鏡,布施不用財。」這兩句奇兀警拔,因為它完全打破人的思維定勢。不用鏡子來照面。拿什麼來照面呢?只能是自己的心。在這裡,「面」指的是真實的本心本性,「鏡」指的是感官之類的外物。我們永遠無法藉助外物來認識本心,真我的發現必須靠我們自己向內心凝視。我們每個人的心裡都有一盞智慧之燈,這盞燈就是真如佛性。「布施」是以財物施捨於人。即然是布施,按常理就必定用「財」,為什麼詩中說不用物質之財呢?原來,佛教對布施有其獨特的觀點。在佛教看來,布施有兩種,捨財濟人為財施,說法度人為法施。在禪宗理論源頭之一的《維摩經·菩薩品》裡,便有放棄財施而主張法施的記載:長者子善德曾設布施大會,期滿七日,維摩詰告訴他:「當為法施會,何用是財施會為!……(法施)謂以菩提起於慈心,以救眾生起大悲心。……斷一切煩惱一切障礙一切不善法。」並且,在禪宗看來,若只是為了追求功德而進行行善、財施,則這種善行都是虛偽的。崇信佛法的梁武帝見到東土宗禪初祖達摩大師時,問「朕建寺供僧,有何功德?」達摩毫不客氣地回答:「無功德!」一起功德念,則不論是財布施還是法布施,都落入人天小果之中了。

「端坐念真相」,這是對不用鏡、不用財的「照面」、「布施」的正面說明。「端坐」的「端」,既指形體之端正,也指意念之專一。「端坐」亦即坐禪。「真相」猶言「本來面目」,即本來的自己,真實的自己,未出生前即已含蘊在胎藏之中的純真人性，也就是每個人都具有的真如佛性。它出自禪宗的經典著作《壇經・行由品》，又稱「主人翁」及「無位真人」。

瑞嚴師彥禪師在石上坐禪時，通常只是默默地坐著，偶爾也會大聲自言自語的說道：「主人翁！」然後自己問答：「睜開眼睛！」「是！」「將來不要被矇騙了！」「是，是！」如此地自問自答，是高深的禪境。人不論是誰，都由甲、乙兩個「我」組成。乙是「世染的我」，甲是叫喚乙的自己，即「本真的我」。乙是外在的、眾所周知的，而甲則是內在的，存於乙的深處。所以，甲乙之間的對話愈多，其人格愈能得到提昇。臨濟禪師曾經對弟子說：「赤肉團上有一無位真人，常在汝等面門出入，未得證據者，看，看！」——在你們的肉體之內，存在著超出時空的真實的人性，它進進出出於你的日用生活中，倘若你還沒有找到它，那麼就快點迴光反省，與真實的我相會吧！無位真人活生生地出入於我們的毛孔，我們卻無法感覺到它的存在，所以必須既超越感覺的經驗，又不離開感覺的經驗，即通過另一種經驗坐禪（「端坐」），才能感覺得到，才能和乙我內部的甲我相會。一旦當滿身世染的乙我，抖落了身上的世俗的塵埃，與澄明寧靜的甲我相會時，我們便成了主人翁、無位真人，便見到了本來面目（「真相」）。「此便是如來」，這時的你我，便成了最高的精神實體如來了，這就是慧能所說的，迷人若能開悟，與大智人無別。不悟之時，有佛陀與眾生的差別；一念若悟，眾生即佛。由此可知一切萬法，盡在自心之中，為什麼不從自心頓性真如本性！只要明

心見性，自然成就佛道：「若向性中能自見，即是成佛菩提因！」（《壇經・付囑品》）

㈤我不樂生天

我不樂生天，亦不愛福田。
饑來一缽飯，睏來展腳眠。
愚人以為笑，智者謂之然。
非愚亦非智，不是玄中玄。

王梵志的詩往往有發語驚人的特點。不是字句的驚人，而是語意的警拔。「我不樂生天，亦不愛福田。」佛家謂人生前修行，死後更生於天界；積善行可得福報，猶如播種田地，秋獲其實。誰不樂生天，誰不愛福田？而這個「我」卻迥異常人。為什麼呢？修行、積善這些行為本來都是好的，但如果把注意力集中於生天、得福上，則修行、積善便失去其純潔性，而蒙上了一層功利主義的陰影，這樣的修行、積善便大打折扣：「若欲存情覓佛，將網上山求魚」；「頭陀阿練苦行，希望後身功德。希望即是隔聖，大道何由可行」（寶誌《大乘讚》）；「智者知心即佛，愚人樂往西方」（寶誌《色空不二》）。所以，連生天、得福的念頭都要打消，「不樂」、「不愛」。但這並不等於說就可以不修行、不積福了，只是採取一種更純正的心態而已。

「饑來一缽飯，睏來展腳眠。」這是禪宗隨性適意生活的寫照。《景德傳燈錄》卷6〈慧海〉載，「有源律師來問：『和尚修道，還用功否?』師曰：『用功。』曰：『如何用功?』師曰：『饑來吃飯，睏來即眠。』曰：『一切人總如是，同師用功否?』師曰：『不同。』問：『何故不同?』師曰：『他吃飯時不肯吃飯，百種須索；睡時不肯睡，千般計較，所以不同也。』」《古宿尊語錄》卷4臨濟禪師說：「道流，佛法無用功處，只是平常無事，屙屎送尿，著衣吃飯，睏來即眠。」餓了吃，睏了睡，看時容易做時難。多少人吃飯時不肯吃飯，而是貪心大熾；睡覺時不肯睡覺，計較蜂起。「凡夫」的可憐之處，就在於他們「任生不得生，求眠不得眠」(〈凡夫真可念〉)。相反，如果在吃飯睡覺這些行為上，仍然能夠體會到生活的意義，這才是禪心。有人參見主持趙州和尚，說：「弟子第一次到這裡來，請師父教我修行。」趙州問：「你吃過飯沒有?」「吃過了。」「那麼，去把碗洗一洗吧。」——領悟、修行及日常生活屬於同一件事情，禪宗主張「任運自然」，「一切無非佛事」(寶誌〈事理不二〉)，要能夠切實領悟到這種真實，並加以維持才是修行。如果「向外覓功夫」，那麼只是個癡頑的俗漢。

「愚人以為笑，智者謂之然。」「愚人」，指不明白饑來吃飯睏來眠、日用即道的那些人。「智者」則與之相反。這兩句從不同的方面寫世人對「我」所採取的禪修之道的看法。愚人嘲笑「我」，以為這很愚蠢；智者讚許「我」，以為這是大智慧。而「我」又是如何看自己的呢?「非愚亦非智，不是玄中玄。」「我」自己認為，這樣修禪既不是愚也不是智，更不是什麼玄而又玄的東西。因為只要起了「愚」「智」等分別心，便離開了禪。饑餐睏眠，脫落身心。作者在這裡，不但把以「我」為愚的看法消除，而且把以「我」為智的看法也消除了。而真正的透脫自在之境，正存在於此。

禪是平常的、常切的，它存在於日常瑣事之中。因此，在寒暄、洗臉、吃飯等生活細節，都有平常心的妙用。在這生活的自然平淡中，感受到寧靜與愉悅，才是真正的禪。用《壇經·自性真佛解脫頌》來說就是:「若能心中自有真，有真即是成佛因。自不求佛覓佛，去覓總是大癡人。」

㈥莫漫求真佛

莫漫求真佛，真佛不可見。
妙性及靈臺，何曾受薰煉?
心是無事心，面是娘生面。
劫石可動搖，個中無改變。

這首詩談的是「自見本心，自成佛道」(《壇經·付囑品》) 的主旨。

「莫漫求真佛，真佛不可見。」「真佛」，指自己的本心，即每個人都有的純真佛性。佛教認為，人的本心本是純潔無邪的，只是受了外在的「客塵煩惱」的蒙蔽，才隱沒在污濁之中，因此要使迷惘的人生轉化為覺悟的人生，就必須恢復清淨的本來面目。佛教的法相宗主張阿賴耶識因受外界事物的熏習，成就業種而使人在六道輪迴不已，要想獲得解脫，必須通過修習，轉染為淨。佛教的北宗禪法，則主張對心靈這面鏡子，「時時勤拂拭，莫使有塵埃」。作者在這裡，運用的卻是慧能大師所開創的南宗禪，陡喝一聲：不要徒勞無益地「求」什麼「真佛」，因為「真佛」本來就安處在我們每個人的心中，怎麼可能通過向外尋求來得到呢?

「妙性及靈臺，何曾受薰煉?」這是對上兩句的補充。「妙性」和「靈臺」，這裡指的都是人的未經受外物蒙蔽的本心，即真如佛性，它是不曾受到客塵煩惱的「薰煉」，而失去原本的光明的。它原本就赤灑灑淨裸裸光燦燦地袒露在那裡的。「心是無事心」，這種不受任何拘束的空靈與自由的心，沒出生前就已存在。「面是娘生面」，這個本來面目，天真獨朗，不為後天而改變。

「劫石可動搖，個中無改變。」這兩句是對上文進一步的深化。「劫石」，佛經中指極大的石頭，或方廣四十里，或方廣八十里，或方廣八百里。佛經上說，用輕得幾乎沒有重量的天衣，每隔無限長遠的時間來拂拭這石頭一次，等到石頭被拂拭得消失時，才是一小劫、一中劫、一大劫。劫石動搖，指極其長遠的時間。詩中用的假設句說，不論經歷了再長遠的時間，真如自性也不會有任何改變。這常清淨的佛性，永遠存在，永不變化。既然「佛性常清淨，何處惹塵埃」，又哪裡會受什麼「薰煉」，又何必去外求才能得到呢?

這首詩宣揚直指本心、本心即佛，與南宗禪思想實出一轍。

二、寒山子的禪詩

寒山子是唐代的著名的詩僧，但他的身世至今還是個謎。他的姓名、籍貫、生卒年均不詳。他早年曾經為官，因仕途坎坷，遂周遊四方，後來隱居天台翠屏山。其地幽僻寒冷，故名寒岩，「寒山子」也因此得名。寒山子喜愛吟詩作偈，每有詩句，即題於石間、樹上，與臺州國清寺封干、拾得為友。他的詩現存三百餘首，機趣盎然，多抒寫山林景致、隱逸情趣，寫景清新，意境幽奇，佛心禪韻盡攝其中，是最有影響的詩僧之一。

㈠欲得安身處

欲得安身處，寒山可長保。
微風吹幽松，近聽聲愈好。
下有斑白人，喃喃讀黃老。
十年歸不得，忘卻來時道。

日本的白隱禪師曾提醒修行僧:「寒山雖佳境，易見而悟難。」

人們對寒山詩中所寫的景色百看不厭，但對它所象徵的禪機，卻很難捕捉得到。寒山的詩，往往含有不能用語言文字來表達的深義。

「欲得安身處，寒山可長保。」要想得到使心安寧的去處，寒山永遠是個好地方。句中的安身實指安心。因為如果是世俗意義上的安身，那麼通常的選擇是繁華都市、高堂華廈，而不是毫無遮蔽的寒山了。相反，安心最佳的選擇卻正是寒山。在禪者看來，安身即是安心，因為作為一個禪者，他的身心永遠是一致的。為什麼安身、安心的最好場地是寒山呢？下兩句便點出了個中奧秘。

「微風吹幽松，近聽聲愈好。」微風撫拂幽松，愈靠近去聽的話，就愈能感受到其美妙之處。輕微的山風，吹拂著幽靜的松林，發出喃喃細語般微妙的天籟，一般人很難覺察得到。只有把心中的雜念抑制下去，使心完全處於放鬆的狀態，才能聆聽得到。愈接近幽松，就愈能把自己和松聲結合在一起，聽的人和被聽的聲音、主體和客體全然融合在一起。然而此時，松仍是松，我仍是我，松和我還是兩種個體。禪者能感受到這相互涵容而又各自獨立的境界，是因為他能夠放開固執於「自我」的心。這種心若能夠放棄，就能領悟到「幽」的奧秘。微風松語，正是康德所醉心的「無主題的音樂」，它能使人徹底淨化，達到自由、無心的極致。而這，也正是藝術、人生、哲學的極致。

「下有斑白人，喃喃讀黃老。十年歸不得，忘卻來時道。」

在濃密的松蔭下，有位頭髮斑白的老人，喃喃地念著黃老之書。他已經十年沒有回到世俗的家，如今，連以前來這裡的路，也都忘得乾乾淨淨了。因他潛心於心的故鄉寒山，而浸淫於不斷的悟道之中。並且一旦悟道，以前藉以悟道的一切途徑都已不再必要。有誰過了河，還把船揹在身上呢。

㈡不見朝垂露

不見朝垂露，日爍自消除。
人身亦如此，閻浮是寄居。
切莫因循過，且令三毒袪。
菩提即煩惱，盡令無有餘。

《金剛經》裡有一段很著名的話：「一切有為法，如夢幻泡影，如露復如電，應作如是觀。」這段話極為形象地說明了人生的短暫無常。

此詩一開始便將一幅鮮明的無常景象呈現在讀者的面前：你看那早晨的露水，太陽一出來立即就乾了。人的生命也是如此的短暫，在這個閻浮世界上，只是短暫的寄居而已，期限一到，就要投入輪迴業報去了！

渾渾噩噩的世人，很少認識到生命的短暫，他們要麼拼命地縱身欲望之流，貪圖享樂；要麼無所事事，飽食終日。禪者則相反，他們深知「人身難得今已得」的可貴，深知「人命在呼吸間」的匆遽，深知「此身不向今生度，更向何生度此身」的緊迫。因此，他們「切莫因循過，且令三毒祛。」切不可隨波逐流，糊裡糊塗地度卻此生，而要破除那困惑生命、使身心永遠不得安寧的三毒。「三毒」就是貪欲、瞋恚、愚癡，也就是使人沉淪於生死輪迴的「無明」。《大智度論》卷3說：「我所心生故，有利益我者生貪欲，違逆我者而生瞋恚。此結使不從智生，從狂惑生故，是名為癡。三毒是一切煩惱之根本，悉由吾我故。」三毒是我們最大的心病（《摩訶止觀》卷9：「四大是身病，三毒是心病」），正如《涅槃經》所說的那樣，「毒中之毒，無過三毒。」滅除了三毒之後，心靈才能澄明無瑕，徹證菩提。

「菩提即煩惱」，菩提與煩惱似乎是對立的，但以佛教般若空觀的觀點來看，菩提也就是煩惱。因為涅槃界與現實世界本來不二，都是佛法的體現。我們要想在現實世界中獲得涅槃，就必須在煩惱中體證菩提。所以，「菩提煩惱不二」，「五欲貪瞋是佛」，「煩惱即是菩提，淨華生於泥糞」。《維摩經・入不二法門品》說：「明無明為二，無明實性即是明，明亦不可取，離一切數，於其中平等無二者，是為入不二法門。」《諸法無行經》下亦曰：「貪瞋之實性，即是佛法性；佛法之實性，亦是貪欲性。……菩提與貪欲，是一而非二！」《壇經・般若品》也說：「煩惱即菩提！」因為萬法盡是自性，「萬法」的本身都是「真如」、「法性」，所以，煩惱的本身也就是菩提。並且更進一步，不論是煩惱也好，還是菩提也好，站在禪悟的立場上，都要將它們一起消泯無餘。因為禪悟的境界，「如人眼睛上，一物不可住。金屑雖珍寶，在眼亦成病。」(《景德傳燈錄》卷7〈惟寬〉)只要一有開悟的意念，又與悟失之交臂了。

㈢自樂平生道

自樂平生道，煙蘿石洞間。
野情多放曠，長伴白雲閒。
有路不通世，無心孰可攀。
石床孤夜坐，圓月上寒山。

每個人都有他所追求的理念，也就是「道」。這個「道」是他終生孜孜以踐，支撐他整個生命的力量。並且，也正是這個道，給他帶來了無限的樂趣與自豪。只是，這個「道」到底是什麼? 它不便用語言文字來界定，然而，在禪者的生活中，我們不難感受到它的存在。煙霧迷濛中的青蘿，青蘿掩映著的石洞，乃是道心滋長的最好環境。在這裡，疏野的性情在這裡正好可以得到充分舒展，放曠的品格也不會招致別人的議論。他的心和白雲一樣，充滿了安閒自如的情趣。白雲純潔無瑕，隨風變滅，舒捲自如，正是禪者心地明潔、毫無掛礙、自然適性的外在表現。

詩的後半部分繼續寫放曠的閒趣。山中當然有路，然而這條路通向的，乃是更為曲折深邃的幽處，而不是繁華喧囂的人世。心似孤雲無所依，悠悠世事何須覓？既然禪者像白雲那樣的無心，還有什麼東西能困擾他？佛教常將人心喻為猿猴，說這隻猿猴喜好攀援外物。而對於調順了心猿的禪者來說，塵世的任何能夠惑亂心神的東西，如功名富貴美色佳肴之類，他都不屑一顧，不去「攀援」。因為坐禪之時，他早已淨化了自己。「石床」，石製之床。僧人常於其上坐禪。賈島〈贈無懷禪師詩〉有「禪定石床暖」之詠。在石床上，他一人徹夜坐禪，雖然「獨」，但這絕不是孤獨，而是獨坐大雄峰式的孤標獨立。你看，一輪又圓又大、又清又亮的月亮，正透過濛濛的清泠的山間夜霧，緩緩地從容地升上寒山，向石床上的禪者灑下一片清輝。寒山經常以明月來象徵他的禪心：「吾心似秋月，碧潭清皎潔」，「圓滿光華不磨瑩，掛在青天是我心。」月亮圓滿而碩大，清光四溢，正象徵著禪心的圓滿自足、澄澈無瑕。此詩以景收結，所展的是無言之境，也是最高深的禪境。

㈣儂家暫下山

儂家暫下山，入到城隍裡。
逢見一群女，端正容貌美。
頭戴蜀樣花，燕脂塗粉膩。
金釧鏤銀朵，羅衣緋紅紫。

朱顏類神仙，香帶氛氳氣。
時人皆顧盼，癡愛染心意。
謂言世無雙，魂影隨他去。
狗咬枯骨頭，虛自舔唇齒。
不解返思量，與畜何曾異。
今成白髮婆，老陋若精魅。
無始由狗心，不超解脫地。

這首詩的意圖，是要給世人照一照「風月寶鑑」。

詩用第一人稱的「儂家」這個古代吳人的自稱來寫，饒有趣味。「儂家」平時長住山上，偶爾下一次山，到城隍廟逛逛，倒不是為了湊熱鬧，而只是看看熱鬧，觀察觀察世相而已。正好看見了一群女子，五官端正，容貌姣美。瞧，她們頭上戴著最時髦的四川式樣的花，臉上塗了厚厚的一層脂粉。炫人眼目的金手鐲上鏤刻著銀花，飄曳的羅衣有粉紅、紫色各種層次。青春美貌宛如神仙，所過之處，異香裂鼻。對此，世人有何反映呢？

這些光彩照人的美女一露面，時人都伸長了脖子轉眼去看，如癡如迷，愛慕不已。都說這些美女世上無雙，魂也被她們勾走了。在描寫時人的觀感之後，「儂家」給這些人當頭一棒：貪戀美色，胡思亂想，何異於狗啃乾骨頭，什麼肉也吃不上，只落個白白地舔舔嘴唇、牙齒而已！

癡愛乃是心病的根源，「癡愛是苦因」（《探玄記》卷7），而癡迷之人，偏偏迷戀紅粉骷髏，用癡繭愛網自相纏縛，不知道冷靜地自我反省，跟畜牲又有什麼兩樣？那麼怎樣來「返思量」呢？下面兩句即是「儂家」為他們指出的方法：作不淨觀。為對治貪心，通過主觀的想像來觀看對象的不淨，這就是不淨觀。看到美色佳人，你不妨把她想像成面黃皮皺的老太婆，蒼老醜陋，像山精鬼魅一樣的可怖。這時還會有非非之想麼，還想衝上前去摟抱她、和她纏綿共枕了麼？據《釋迦譜》卷3，佛陀當年修行時，魔王因嫉妒和害怕佛陀修行成就後的威力，就派了三個美麗的女兒去誘惑佛陀。這三個女子都豔麗非凡，千嬌百媚，穿著暴露的衣服，發出勾魂的聲音，作出挑逗的神態，而佛陀運用起法力無邊的不淨觀來，眼中所見者，只是「革囊盛臭」，於是三個漂亮女子頓時「化為老母」，「頭白面皺，齒落垂涎，肉銷骨立，腹大如鼓」。「風月寶鑑」的正面是盈盈含笑的王熙鳳，背面是一具令人毛骨悚然的枯骨！佛教認為，只有照這面「風月寶鑑」的背面，才能滅除貪欲，而獲得心靈的平靜。可惜世人所見的都是虛假的勾魂索命的正面！所以「儂家」臨了還忍不住再喝罵一句：這些人永墮畜牲之道，受輪迴之苦，是由於他們有了狗的貪心，永遠不能解脫得福。「無始」是一個佛教名詞。佛教認為眾生無有始，今生從前世之因緣而有，前世亦從前世而有。詩中「無始」即指永墮輪迴之中。禪宗認為貪欲，尤其色欲是解脫之一大障礙，像烹砂不可能成飯一樣，因此用不淨觀來對治心猿。寒山這首詩所表述的，也正是這一層意思。

三、拾得的禪詩

拾得也是唐代著名詩僧。年幼時被棄於路旁，為國清寺僧豐干拾歸，養於寺中，故名拾得。拾得與寒山友善，常有往來。他的詩歌現存五十餘首，風格與寒山詩相近，多隱逸與勸世之作。

(一)左手握驪珠

左手握驪珠，右手執慧劍。
先破無明賊，神珠自吐焰。
傷嗟愚癡人，貪愛那生厭。
一墮三途間，始覺前途險。

《莊子·列禦寇》說：「夫千金之珠，必在九重之淵，而驪龍頷下。」「驪珠」也就是千金寶珠，佛教常以之譬智慧。智慧如寶珠，能照愚癡昏暗。丹霞禪師《玩珠吟》說這顆寶珠具有莫大的威力：「般若靈珠妙難測，法性海中親認得。隱顯常游五蘊中，內外光明大神力。」「燒六賊，爍眾魔，能摧我山竭愛河。」佛教形容智慧的另一個常用比喻是「慧劍」。智慧如利劍，能斷一切煩惱。《維摩經·菩薩行品》說：「以智慧劍，破煩惱賊。」當然，佛教的智慧即般若非世俗的智慧可比，它是成佛所需的特殊智慧，其基本理論為「緣起性空」。這種理論認為世界上的一切事物，均是因緣所生，因此沒有固定不變的自性；世俗認識及其面對的對象，虛幻不實。故般若智慧的獲得，也唯有通過對世俗認識的否定才有可能。

拾得此詩先聲奪人，開篇就描畫出了一個用佛教智慧武裝起來的鬥士形象。單看他那握珠、執劍的氣勢，已不難預測他意志威猛和戰鬥的結果了，很有點「大丈夫，秉慧劍，般若鋒兮金剛焰。非但能摧外道心，早曾落卻天魔膽」(永嘉大師《證道歌》)的凜凜威光。

詩的三、四兩句順水推舟地寫出壯觀的破賊場面。破除的對象是「無明」，「無明」也叫癡、愚癡，指不懂得佛教真理的世俗認識。它是「十二因緣」之一，也是「根本煩惱」之一。佛教從人生過程的角度，把人生劃分為好多部分，互相聯結在無止境的鏈鎖之中，並以此闡明人生的痛苦及其根源，論證人生的關鍵問題，其中最著名的便是「十二因緣」說，它強調十二個環節按順序組成因果循環的鏈條，任何一個有情識的生命體，在沒有獲得解脫之前都受其支配，輪迴無窮。釋迦牟尼在得道時，提出了這樣的看法：人生痛苦的總根源是無明，即對人生實相的盲目無知。如果能正確認識人生的實相，就能滅盡無明。滅盡無明，一切痛苦也就沒有了。因此，世俗認識的轉變，愚癡無明的克服，就是芸芸眾生獲得解脫時首要的、根本的任務。詩中描繪出鬥士用佛的智慧武裝自己，毫不容情地把無明惡賊一揮兩斷，寶珠吐出熊熊烈焰，將無明的碎屍化為灰燼。這是令人歎為觀止的場面。滅除了無明，此心便得以安寧。

但是覺醒者畢竟只是少數，眾生又是怎樣的呢？作者筆鋒一轉，將視角對準眾生身上。眾生中很多都是愚癡的。「愚癡」即無明。愚癡的人，心生貪愛而從來不知厭倦、滿足。「貪愛」指於五欲之境貪著愛著，而不能脫離。貪與愛異名同體，是三毒之一。由於愚癡和貪愛，他們必然要墮入地獄、餓鬼、畜生這三途，到那時候才叫苦連天，豈不是噬臍莫及！為什麼不早點滅除無明獲得覺悟呢？這是多麼令人痛惜的事！「傷嗟」二字，是已滅卻無明的鬥士——作者的形象化身——對世俗之人的大悲憫，在詩中起承上啟下的作用。

這首詩從正反兩方面寫出了覺悟者與癡迷者不同的認識與結局，形象鮮明，對比強烈，具有振聾發聵的力量。

㈡無事閒快活

> 無事閒快活，唯有隱居人。
> 林花長似錦，四季色常新。
> 或向岩間坐，旋瞻見桂輪。
> 雖然身暢逸，卻念世間人。

水邊林下的禪者，長養聖胎，身心暢逸，然而他們是不是早已把世人忘得一乾二淨了呢？讀了此詩，自會找到答案。

詩的首二句點明了隱居之人即禪者的特有的心境,「唯有」二字在強調禪者常快樂的同時,也排斥了世人的常快樂。世人為欲望所困擾,迷己逐物,成為物質的奴隸,浮沉於孽海情天而不能自拔。禪者則不然,心中妄念盡消,纖塵不染,無心世事,閒適自如。中間四句便集中地描寫了使隱居者法喜充滿的景致。

「林花長似錦,四季色常新。」多麼清麗撩人的句子。林中的花,凋謝得很快,然而,在禪者的眼裡,它卻永遠那麼明豔,美得像錦緞似的;一年有春夏秋冬、炎涼寒暑,然而,在禪者眼裡,每一季節總是有賞心悅目的景致。「春有百花秋有月,夏有涼風冬有雪。若無閒事掛心頭,便是人間好時節。」正因為花朵會凋落,四季會替遷,所以,當每一株花兒綻放、每一個季節來臨的時候,才愈顯其美,才愈讓人珍惜,使人感受到它的美麗與真實。並且,不但白天可以欣賞到這些景致,即便是在晚間,也仍有使人賞心悅目的景致。有時他隨意地在岩石上一坐,一坐就忘了回去,不知不覺天就黑了,不知不覺圓燦燦的月亮就笑盈盈地來到他的眼前。月亮徑直走進他的心裡,他也徑直融入月內。

綜觀禪者在山居生活,是何其暢適飄逸!然而,是不是他已完全忘世了呢?否!

雖然為求得自心的寧靜而悟禪不失為一種很高的境界,但求得自心的寧靜後,還要使眾生也能獲得寧靜,而不惜放棄自己已經獲得的這份寧靜,方是更高的境界。佛的名稱之一便是大悲，就因為佛想使眾生都得解脫，悲心廣大。《涅槃經》卷11謂：「三世諸世尊，大悲為根本，……若無大悲者，是則不名佛。」佛陀在悲憫眾生的同時，就生起了心病。這個心病不是他自身具有的，而是由眾生引起的，正如維摩詰所說的那樣：「以一切眾生病，是故我病。若一切眾生得不病者，則我病滅。……譬如長者唯有一子，其子得病，父母亦病。其子病愈，父母亦愈。菩薩如是，於諸眾生，愛之若子，眾生病則菩薩病，眾生病愈菩薩亦愈。……菩薩疾者，以大悲起」(《維摩經·問疾品》)。有人問趙州和尚：「佛是覺悟者，並且是一切眾生的大導師。他一定是免除了所有的煩惱，是不是?」趙州答：「不是，他有最大的煩惱。」「這怎麼可能?」「他的最大煩惱就是要拯救一切眾生!」《法華經》也說，菩薩永不進入最終涅槃。他要停留在眾生之中，為教育與開悟他們而工作。只要能有助於眾生幸福，他不辭任何苦難。「娑婆往來八千度」，佛與菩薩會無數次到充滿痛苦的世界中來，這是因為他們的愛沒有邊界。禪者修行到了「無事」、「閒」、「快活」、「逸」的地步，又「卻」轉身來，垂手入廛，灰頭土面地化導眾生，這是何其崇高的境界。「欲令居士身無病，直待眾生苦盡時」(劉言史〈弼公院問病〉)，眾生之病未除，禪者就絕不會停止他的努力。因為他要解放的不僅僅是他自己的心，而是所有眾生的心。

四、騰騰和尚〈了元歌〉

騰騰和尚名仁儉，得法於嵩山慧安禪師。因隨性放曠，故人以騰騰和尚稱之。他的〈了元歌〉也是禪師上堂時經常稱引的名篇。

修道道無可修，問法法無可問。
迷人不了色空，悟者本無逆順。
八萬四千法門，至理不離方寸。
識取自家城郭，莫謾尋他鄉郡。
不用廣學多聞，不要辯才聰俊。
不知月之大小，不管歲之餘閏。
煩惱即是菩提，淨華生於泥糞。
人來問我若為，不能共伊談論。
寅朝用粥充饑，齋時更餐一頓。
今日任運騰騰，明日騰騰任運。
心中了了總知，且作佯癡縛鈍。

大道如青天，故無可修；大道同日月，故無可問。首二句即破除了經教名相、知見執著。迷人不了解色空的道理，斤斤計較得失，而在了悟之人看來，根本沒有什麼逆順情境可言。雖然法門有八萬四千之多，但終極的真理，就在一心之中。

因此必須將向外尋求的心念轉過來，發現原本自足的本心自性。明心見性，不在於廣學多聞，也不在於辯才的聰慧鋒利。回歸本心之時，時間已經消殞，不管大月還是小月，也不管平年還是閏年。煩惱即菩提，美麗的覺悟之華，往往生長在煩惱的泥糞之中。如果有人來問我都幹些什麼，我也沒有時間和他談禪論道。我只知道早晨喫點粥就算填飽了肚子，中午再喫一頓午齋。一切都自然適意，一切都隨時隨份。今天我是放任隨意，明天我是隨意放任。其實我心裡什麼都明白，儘管表面上愚冥遲鈍。

最上乘禪，便是頓悟自心，本來清淨，原無煩惱，無漏智慧之性，本來具足，故法不須修，佛不須作。本來無事，心無所寄，方免顛倒。本來是佛，即天真自然，任運自在。

樂道歌啟迪人們卻關注內心，尋求內心的寧靜與恬淡。不執著，不黏滯，通達透脫，活潑無礙，無形無相，縱橫自在。

五、修雅〈聞誦「法華經」歌〉

唐人詠《法華經》詩，以朱灣、齊己、修雅等人的作品為代表。朱灣詩注重對聽經氛圍的渲染，如「清泠霜磬有時動，寂歷空堂宜夜深。……風翻亂葉林有聲，雪映閒庭月無色」等（朱灣〈月夜聽堅正二上人為懷州轉「法華經」歌〉），形象地烘染出聽轉經文時遊心物外朗潔孤迥的情懷。齊己詩

「乍吟乍諷何悠揚，風篁古松含秋霜。但恐天龍夜叉乾闥眾，逼塞虛空耳皆聳」（齊己〈贈持「法華經」僧〉），亦善於藉自然景觀，描摹誦經聲韻的抑揚流宕、清神悅耳，並以聽者側耳的特寫鏡頭渲染此經的感染力。其「空山木落古寺閒，松枝鶴眠霜霰幹。牙根舌根水滴寒，珊瑚捶打紅琅玕。但恐蓮花七朵一時折，朵朵似君心地白。又恐天風吹天花，繽紛如雨飄袈裟。……更堪誦入陀羅尼，唐音梵音相雜時。……此經真體即毗盧，雪嶺白牛君識無」（齊己〈贈念「法華經」僧〉），對誦經場景、吟誦聲調、誦者心境、誦經氛圍、誦經音色、經文要旨等都有精彩的摹寫；其小詩「萬境心隨一念平，紅芙蓉折愛河清。持經功力能如是，任駕白牛安穩行」（齊己〈贈念「法華經」僧〉），亦善於把握經文的要旨。除此之外，李紳的五言排律也是頗見功力的作品，整飭的形式、嚴密的格律，都不足以束縛詩人奔放的才情和對《法華經》的虔誠敬仰（李紳〈題法華寺五言二十韻〉）。詩中「殿涌全身塔，池開半月泉」、「幻身觀火宅，昏眼照青蓮」、「化城珠百億，靈跡冠三千」、「指喻三車覺，開迷五陰纏」等，都是化用《法華經》成句而得其三昧者。在唐代所有吟詠《法華經》的作品中，體制最大、最能汲取經文意旨並予以創造性轉換的，是修雅的〈聞誦「法華經」歌〉：

山色沉沉，松煙冪冪。空林之下，盤陀之石。石上有僧，結跏橫膝。誦白蓮經，從旦至夕。左之右之，虎跡狼跡。十片五片，異花狼籍。偶然相見，未深相識。知是古之人，今之人？是曇彥，是曇翼？我聞此經有深旨，覺帝稱之有妙義。合目冥心子細聽，醍醐滴入焦腸裡。佛之意兮祖之髓，我之心兮經之旨。可憐彈指及舉手，不達目前今正是。大矣哉，甚奇特，空王要使群生得。光輝一萬八千土，土土皆作黃金色。四生六道一光中，狂夫猶自問彌勒。

我亦當年學空寂，一得無心便休息；今日親聞誦此經，始覺驢乘匪端的。我亦當年不出戶，不欲紅塵沾步武；今日親聞誦此經，始覺行行皆寶所。我亦當年愛吟詠，將謂冥搜亂禪定；今日親聞誦此經，何妨筆硯資真性。❶我亦當年狎兒戲，將謂光陰半虛棄；今日親聞誦此經，始覺聚沙非小事。我昔曾遊山與水，將謂他山非故里；今日親聞誦此經，始覺山河無寸地。我昔心猿未調伏，常將金鎖虛拘束；今日親聞誦此經，始覺無物為拳（拲）。

師誦此經經一字，字字爛嚼醍醐味。醍醐之味珍且美，不在唇，不在齒，只在勞生方寸裡。師誦此經經一句，句句白牛親動步。白牛之步疾如風，不在西，不在東，只在浮生日用中。日用不知一何苦，酒之腸，飯之腑。長者揚聲喚不回，何異聾，何異瞽！世人之耳非不聰，

---

❶ 《法華經·法師功德品》：「諸所說法，隨其義趣，皆與實相不相違背。若說俗間經書，治世語言，資生業等，皆順正法。」

耳聰特向經中聾；世人之目非不明，目明特向經中盲。合聰不聰，合明不明，轆轤上下，浪死虛生。世人縱識師之音，誰人能識師之心；世人縱識師之形，誰人能識師之名？師名醫王行佛令，來與眾生治心病。能使迷者醒，狂者定，垢者淨，邪者正，凡者聖。如是則非但天恭敬，人恭敬，亦合龍讚詠，鬼讚詠，佛讚詠。豈得背覺合塵之徒，不稽首而歸命！

詩的第一段先聲奪人，由遠及近將讀者帶入山色蒼茫松煙彌漫，深林空曠巨石盤陀的畫面，再凸顯出跏趺橫膝吟誦《法華經》的高僧形象，接著宕開筆觸，將鏡頭切換到聽法留虎跡、奇花百鳥銜的周邊環境，以襯托出高僧說法，感天地泣鬼神的藝術魅力。詩人以對高僧是古人今人的疑問懸想，營造出神祕惝恍的氛圍。接著敘寫詩人聽聞此經的神情態度、心理感受，謂《法華經》是灌溉焦腸的醍醐，是滋潤心田的甘露。是佛陀的本心，是祖師的禪趣。聽誦《法華經》，即可當下識取本心，舉足投步，揚眉瞬目，皆是從道場中來。《法華經》的要旨，就是使每個人體證到原真的本心，使穢濁世間化作佛國淨土，使有情無情悉於一念迴光之中頓悟成佛。

第二段寫聽誦《法華經》，豁開慧眼，矯正了自己禪修過程中的偏頗，打開了心靈的另一扇窗戶：過去枯守「空寂」、「無心」；如今頓然明白，它只不過是方便化城、羊鹿小果。過去足不出戶、逃聲避色；如今頓然明白，這並不能獲得精神的圓滿。佛法在世間，煩惱即菩提。日日是好日，步步起清風。過去吟詠詩什、搜索枯腸時，擔心妨礙禪定；如今頓然明白，筆硯文章也可以作為文字般若，在詩情畫意中顯發本心。過去聚沙為塔、兒童狎戲時，以為是拋擲光陰；如今頓然明白，只要念念純真，再平凡的行為中也有深厚的佛心，也可顯示著莊嚴的佛性。過去遊覽山水，認為他山非故里；如今頓然明白，舉足下足都沒有離開故鄉，時時刻刻都沒有離開本際，因為山河無寸土，家舍即途中。過去調伏心猿，總是採取強行壓制手段；如今頓然明白，只要一念迴光，即可徹見自性。……這一系列巨大的轉變和嶄新的生命體驗，都是在聽聞《法華經》後產生的，由此可見聽誦《法華經》在自己生命深處產生了何其強烈的震撼。

第三段寫《法華經》的大乘法理藉助吟誦深入人心，如甘露醍醐，聲聲句句，皆顯露著白牛般的本心本性。這純和清明的自性，雖疾似飄風驟如閃電，卻並不存在於別處，而是在搬柴運水、開單展缽、行住坐臥的日用之中。但世人卻不知日用之中顯發著純真的佛性，遂成為飽食終日無所事事的酒囊飯袋，沉湎聲色，流連火宅，長者殷切焦慮地揚聲呼喚，他們仍遲遲不願清醒、回頭，與聾者瞽者無異。世人耳聰，聽經時卻聾；世人目明，看經時卻瞎。該聰時不聰，該明時不明，可憐可歎的世人，如同汲水的轆轤，忽上忽下，輪轉在生死的苦海，白白地拋擲了生命！詩人感歎如此無上的大乘妙理，非世人所能知能識，並讚頌誦經者原來是醫王化身，佛陀再世，他誦經的目的就是為了調治眾生的心病，使迷惘者清醒，使狂亂者安定，使污穢者潔淨，使褊邪者正直，使凡庸者神聖，成為天人恭敬、龍鬼讚詠、佛陀所許的修行人。在詩的結束，作者再一次浩然長歎：聽聞如此精妙絕倫的《法華經》吟誦，那些悖離本心本覺追逐外境之人，還不快快幡然醒悟，稽首合掌，信受奉行？

此詩體制博大弘麗，意象繽紛綺錯，聲韻抑揚跌宕，音節古雅磊落，加之磅礴飽滿的氣勢，奔放恣肆的抒情，高華澄明的意境，上干真宰，筆奪造化，流漾著深邃凝重、雋朗超逸、端嚴優美的佛心、禪韻、詩情，是爐火純青妙造毫巔的化境。它是作者從生命深處噴湧而出的萬斛清泉，表徵著作者對《法華經》與禪之真髓的通靈透徹的體證。

六、同安察〈還源詩〉

同安察禪師是九峰道虔的法嗣。《景德傳燈錄》卷29收錄了他的〈還源詩〉十首，向來為禪林所重。這裡選析其中的一首。

返本還源事亦差，本來無住不為家。
萬年松徑雪深覆，一帶峰巒雲更遮。
賓主默時全是妄，君臣道合正中邪。
還鄉曲調如何唱？明月堂前枯木華。

「返本還源事亦差，本來無住不為家。」有本可「返」，有源可「還」，我法未泯，仍落於有為見道，脫不出情想意識的心緣相和境界相。本體自性，如如不動，無所從來，無所從去，本來無住，何用「家」為？「萬年松徑雪深覆，一帶峰巒雲更遮。」本體自性，無動無靜，非色非空，無跡可求，如萬年松徑深埋於冰雪之下，一帶峰巒潛藏於雲霧之中。「賓主默時全是妄，君臣道合正中邪。」禪者證道以後，心物統一，見色明心，循聲見性，何有心物之分，自他之別。是以臨濟的默觀賓主，曹洞的五位君臣，都是方便言說，了無實義。「還鄉曲調如何唱，明月堂前枯木華。」返本還源之道究竟如何？這就是大死一番，再活現成：「禪家明心見性，如雲開月現，清光四溢，照徹身心世界，始知人生如夢，萬法皆空，身心非有，覺後追憶夢中世界，芸芸眾生，與己同體，仍在迷中，生此死彼，輪轉六道，永遠止期，乃起大悲、立大願，以淨覺心，隨緣涉世，重入夢境，接物利生，見色不迷，聞聲不惑，既不厭凡，亦不希聖，空有無礙，澹然自在，才能發大機，起大用。這就是出空入有，死生復蘇，回機起用。」（《禪境與詩情》）

七、廓庵禪師《十牛圖頌》

禪宗用圖畫、文字將開悟的過程和在各個階段的體驗表現出來，系統地描繪出由修行而開悟而入世的心路歷程，這就是著名的牧牛圖及其圖頌。從詩學淵源上看，寒山禪詩、汾陽頌古是其濫觴。❷《十牛圖》用十幅圖畫描繪牧牛的過程，有圖、頌（詩）、文（著語），表示了從尋牛覓心到歸家穩坐的過程，以闡示修行的方法與順序。❸《十牛圖》與《信心銘》、《證道歌》、《坐禪儀》合印，稱四部錄，在禪林影響尤大。十牛圖用牧人和牛的形象，象徵修行者馴服心牛，以重現本來面目。〈尋牛〉其一：

茫茫撥草去追尋，水闊山長路更深。
力盡神疲無覓處，但聞楓樹晚蟬吟。

「尋牛」，喻迷失自性。著語：「從來不失，何用追尋？由背覺以成疏，在向塵而遂失。家山漸遠，歧路俄差。得失熾然，是非蜂起。」本心人人具足，由於相對觀念的生起，逐物迷己，人們貪逐外塵，悖離本覺，心牛遂迷亂失落，離精神家園越來越遠。撥草尋牛，就是要尋回失落的清明本心。心牛迷失既遠，尋覓起來也很艱難，以致力盡神疲，也莫睹其蹤。然而於山窮水盡處，驀現柳暗花明。在楓葉流丹晚蟬長吟中，隱隱有牛的蹤跡。〈見跡〉其二：

---

❷ 參《禪宗詩歌境界》之〈臨濟宗禪詩〉章。

❸ 《十牛圖頌》一卷，全稱《住鼎州梁山廓庵和尚十牛圖頌併序》，收於卍續藏第一一三冊。

水邊林下見遍多，芳草離披見也麼？
縱是深山更深處，遼天鼻孔怎藏他？

「見跡」，喻漸見心牛之跡。著語：「依經解義，閱教知蹤。明眾金為一器，體萬物為自己。正邪不辨，真偽奚分？未入斯門，權為見跡。」修行者依據經典、禪書，探求修行意義，聆聽師家提撕，明天地同根，萬物一體，甄別正邪真偽，領悟到禪的要義和方法，尋到了牛的足跡。深山更深處也掩藏不住鼻孔朝天的牛，無明荒草再深也遮蔽不了清明本心。但見跡還沒有見牛，還沒有進入禪門。〈見牛〉其三：

黃鶯枝上一聲聲，日暖風和柳岸青。
只此更無迴避處，森森頭角畫難成。

「見牛」，喻發現本具之心牛。著語：「從聲入得，見處逢源。六根門著著無差，動用中頭頭顯露。水中鹽味，色裡膠青。眨上眉毛，非是他物。」黃鶯清啼，日暖風和，柳枝搖綠，賞心悅目。「本來面目」通過聲色等呈顯出來，處處都有它的作用，但它又是如此的妙用無痕，如水中鹽味，色裡膠青，必須具備慧耳慧目，才能使它無處迴避。它頭角森森，卻又離形絕相，絕非丹青所能描畫。見牛較之見跡是一大進步，但見牛並非得牛，見道尚非得道，它只是初步開悟。〈得牛〉其四：

竭盡精神獲得渠，心強力壯卒難除。
有時才到高原上，又入煙霞深處居。

「得牛」，喻已證悟自性。著語：「久埋郊外，今日逢渠。由境勝以難追，戀芳叢而不已。頑心尚勇，野性猶存。欲得純和，必加鞭撻。」雖然得到了牛，但這是一隻長期奔馳在妄想原野的心牛，野性猶頑，惡習難以頓除。牠時而奔突在高山曠野，時而貪戀於芳草園林，因此仍需緊把鼻繩，用嚴厲的手段，來馴化它的習性。修道者雖然見道，但無始以來的習性猶深，受到外界影響時，極易退墮到未開悟以前的情境，必須嚴苛自律，羈鎖住慣於分別、取捨的意識。對此，禪宗謂之「見惑（理知的惑）可頓斷如破石，思惑（情意的惑）需漸斷如藕絲」。見性（悟）固然不易，悟後的修行更重要。因此得牛之後，還須繼續牧牛。〈牧牛〉其五：

鞭索時時不離身，恐伊縱步入埃塵。
相將牧得純和也，羈鎖無拘自逐人。

「牧牛」，喻悟後調心。著語：「前思才起，後念相隨。由覺故以成真，在迷故而為妄。不由境有，惟有心生。鼻索牢牽，不容擬議。」人的思想之流如長江大河，念念不停流。雖然見牛，並不意味著一了百了，隨時都有無明發生，「毫釐繫念，三途業因。瞥爾情生，萬劫羈鎖」（《五燈會元》卷7〈宣鑒〉）。

因此開悟之後要繼續保任，要不斷地斷除煩惱，攝伏妄念。前一階段是奪人，這一階段是奪境。人們在日常的差別境中，一念剛起，二念隨生。迷惑的起因在於二念，若在一念興起時，能如紅爐點雪，頓作消熔，就不會生起迷執。對此禪宗稱之為「後念不生，前念自滅」。時時用菩提正見觀照，直臻於純和之境，才是覺悟證真，不為境遷。此時種種調伏手段即可棄而不用，人牛相得。〈騎牛歸家〉其六：

騎牛迤邐欲還家，羌笛聲聲送晚霞。
一拍一歌無限意，知音何必鼓唇牙！

「騎牛歸家」，喻騎乘馴服的心牛歸於精神的故里。著語：「干戈已罷，得失還無。唱樵子之村歌，吹兒童之野曲。橫身牛上，目視雲霄。呼喚不回，牢籠不住。」學禪者經過了發心（尋牛）、學習佛禪義理（見跡）、修行而初步見性（見牛）、見性悟道（得牛）、在正念相續中精益求精（牧牛），可謂艱難曲折備歷辛苦。馴牛之時，尚需要不斷地鞭撻。修行者進行艱苦的砥礪，終於使心靈脫離情識妄想的羈絆。心牛馴服，人牛合一，已臻一體之境。此時，妄想已被調伏，本心無染，清明澄澈，充滿喜悅。一如天真爛漫的牧童，笛橫牛背，沐浴晚霞，騎牛歸家。一拍一歌，於不經意間，都有無限天真妙趣，知音者自當會心一笑。〈忘牛存人〉其七：

騎牛已得到家山，牛也空兮人也閒。
紅日三竿猶作夢，鞭繩空頓草堂間。

「忘牛存人」，喻既已回到本覺無為的精神故鄉，不須再修，無事安閒。著語：「法無二法，牛且為宗。喻蹄兔之異名，顯筌魚之差別。如金出礦，似月離雲。一道寒光，威音劫外。」騎牛回家，牛已回到本處。牧童既已得牛，尋牛之心已忘，便可高枕而臥。此時無煩惱可斷，無妄心可調，「憎愛不關心，長伸兩腳臥」（《壇經·般若品》）。沒有內境外境的分別，也沒有煩惱和菩提的執著。但牛雖忘，人猶存，「我」還沒有空掉。〈人牛俱忘〉其八：

鞭索人牛盡屬空，碧天遼闊信難通。
紅爐焰上爭容雪，到此方能合祖宗。

「人牛俱忘」，喻凡情脫落而全界無物，凡聖共泯，生佛俱空。不僅迷惑的心脫落了，甚至連覺悟的心也沒有了。著語：「凡情脫落，聖意皆空。有佛處不用遨遊，無佛處急須走過。兩頭不著，佛眼難窺。百鳥銜花，一場懡㦬。」凡情脫落，是修道初階；聖意皆空，是了悟而沒有了悟之心的無所得智。有佛處不遨遊，不住悟境；無佛處急走過，不落見取。超越凡聖，截斷兩頭，遠遠勝過牛頭耽溺聖境而導致的百鳥銜花。牛頭由於四祖的教化而使佛見、法見悉皆消泯，百鳥遂無從窺其境界。此時內無我，外無法，能所俱泯，主客皆空。自性之光，猶如紅爐烈焰，舉凡善惡、美醜、是非、生死、得失等相對觀念，一一如同片雪投爐，銷熔於絕對，此時才是祖師禪的境界。〈返本還源〉其九：

返本還源已費功，爭如直下若盲聾。
庵中不見庵前物，水自茫茫花自紅。

「返本還源」，喻本心清淨，無煩惱妄念，當體即諸法實相。著語：「本來清淨，不受一塵。觀有相之榮枯，處無為之凝寂。不同幻化，豈假修治？水綠山青，坐觀成敗。」本心清淨澄明，猶如山青水綠。此時我非我，見非見，山只是山，水只是水。尋牛、見跡、見牛、得牛、牧牛、騎牛歸家，直至忘牛存人、人牛俱忘，都是返本還源的過程，這個過程「費功」尤多。但既已返本還源，渡河須忘筏，到岸不須船，對所費的一切功夫，就應當放下，不可再黏著。要直截根源，關閉眼耳等感官之門，因為「從門入者，不是家珍。認影迷頭，豈非大錯」（《景德傳燈錄》卷16〈月輪〉）。此時迴光返照，如聾似啞。視而不見，聽而不聞。主體置身萬象之中，而又超然物外，水月相忘，孤明歷歷。在本來清淨的真如實相中，靜觀萬物的榮枯流轉，而不為外境所動，不隨波逐流。《入廛垂手》其十：

露胸跣足入廛來，抹土塗灰笑滿腮。
不用神仙真秘訣，直教枯木放花開。

「入廛垂手」，喻不居正位，入利他之境。著語：「柴門獨掩，千聖不知。埋自己之風光，負前聖之途轍。提瓢入市，策杖還家。酒肆魚行，化令成佛！」開悟之後，不可高居聖境，只滿足於個人成佛，而要百尺竿頭，更進一步，從正位轉身而出，回到現實社會中來。「露足跣胸」，象徵佛性禪心，一塵不染，淨裸裸，赤灑灑。禪者灰頭土面地化導眾生，將自己所證悟的真理與眾人分享，喜悅祥和，毫不倦怠。這就是大乘菩薩的下座行，是灰頭土面的利他行。

《十牛圖頌》不僅流行於中國，引起了無數後世禪人的吟和，而且遠播韓國、日本，產生了非常廣泛的影響。日本的一山國師著有《十牛圖頌》，即是依廓庵《十牛圖頌》的框架創作而成。一山在序中說：「十牛圖，古宿無途轍中途轍也。若論此事，眨上眉毛，早已蹉過，況有淺深次第之異乎？然去聖愈遠，法當危末，根性多優劣，機用有遲速，又不可一概定之，故未免曲設多方，以誘掖之，此圖之作是耶！」由此可見，《十牛圖頌》把修心過程分成十個階段的作法，只是為了接引初機者所設立的方便而已。從頓悟的立場上看，牧牛的十個階段可以濃縮在剎那完成，毫無朕跡可尋。從方便門看，《十牛圖頌》將神祕的禪悟直覺體驗，分解為逐漸演化的階次，為初學者指出了一條切實可行的用功方向。

《十牛圖頌》用象徵的手法寫調心開悟，沒有抽象的理論，純是一幅幅鮮明可感的藝術形象，通過意象的組合、變換，將調心、開悟的過程寫得生動凝練，寓意奇深。在禪宗史上，形成了牧牛文學，為禪宗哲學，增添了瑰美的景觀。

後　記

我自幼生長在風光旖旎的江南水鄉，安徽蕪湖的赭山鏡湖留下了我大學時代的夢痕心影。我的老師余恕誠、劉學鍇、趙其鈞、王明居等，都給我以良好的教益。余先生、劉先生是李商隱研究專家，趙先生是唐代絕句專家，王先生是美學專家。其研究成果，在海內外有口皆碑。親炙良師的法席，為我的學術研究打下了良好的基礎。

弱冠之年，我遠遊長安，師從霍松林先生研治古典文學。1987年畢業，獲文學碩士學位。畢業後的一年裡，我全力以赴地從事霍先生主編的《萬首唐人絕句校注集評》工作，完成了其中二百餘萬字書稿的撰寫。

在研治古典文學的過程中，我對禪宗產生了濃厚的興趣。1992年，出版了《禪的夢》、《禪門妙語》、《禪門公案》等書。1996年，我再次師從霍先生，攻讀博士學位。在此期間，我為臺灣佛光出版社組織編寫了大型叢書《中國佛教高僧全集》中的五十一本，並撰寫了《佛緣叢書》（一套六本）等著作。在作學位論文時，我決定研究禪宗詩歌。1999年畢業，獲文學博士學位；2000年，我進入中國人民大學哲學博士後流動站，從事研究工作。來京之後，我得以求教於著名學者黃心川、湯一介、杜繼文、方立天、樓宇烈、楊曾文、王生平、萬俊人、王曉朝、李富華、方廣錩、魏道儒等先生，受益良多。黃夏年、宋立道、周齊、華方田、徐文明、程恭讓等一大批年輕學者，也給了我很多幫助。2001年夏天，我的博士論文及博士後研究的部分成果，以禪學三書的形式在中華書局出版，它們分別是：《禪宗思想淵源》、《禪宗哲學象徵》、《禪宗詩歌境界》。方立天教授撥冗賜序，給予了較好的評價。

禪學三書2001年6月在中華書局出版，當年的9月即進行了第二次印刷，可見讀者了解禪宗思想、哲學、詩歌興趣的強烈。三書出版後，《人民日報》、《光明日報》、《中國青年報》、《中華讀書報》、《法音》、《禪》雜誌、《覺群》、《華林》、《書品》、《中國圖書評論》、《世界宗教研究》、《哲學研究》等報紙、雜誌，都發表了報導、評論。

讀者的歡迎，既是對我研究成果的充分肯定，也是對我研究工作的最大鼓勵。由於特殊的學術經歷，我對禪宗除了研究之外，更多地抱有「同情之理解」，更多地進行體證。哲學給了我冷靜深透的思辯素質，而文學則給了我夢筆生花的通脫性靈。將兩者圓融，一直是我努力的方向。

於是我想到，禪學三書作為我的學位論文，走的是學術的、理論的路子。禪宗的理論固然深刻，但它之所以對中國文化產生長遠而巨大的影響，卻不僅僅是因為它理論的周密，更是因為它的機鋒智慧，它的實踐修持，它的通靈感悟。雖然讀者對禪學三書反應相當熱烈，如果用更加直截了當、生動活潑的形式，來介紹禪宗，豈不是更好?

正當我有這種想法的時候，東大圖書公司寄來了約稿信，說書局正著手編印一套宗教文庫。用現代人易於接受的形式，介紹禪宗思想、歷史、精神、文化、智慧、機鋒、神韻。使禪宗在當代社會煥發出奇光異彩，是該文庫的宗旨。我毫不遲疑地接受了任務。東大圖書公司契合現代人的根機，把握時代潮流，推出這套叢書，其眼光、魄力，都是令人激賞的。並且，這種做法，也符合現當代佛教的主流人間佛教精神。

於是，我撰寫了宗教文庫中的三本，這就是《經典禪詩》、《經典頌古》、《經典禪語》。關於這三書的內容，在各書的前言裡都已經分別交代了，這裡不再贅言。希望讀者通過這三本書，能夠對禪宗的精髓有親切而深入的領略、體會。

2001年6月，我在京拜訪了中國佛教協會副會長、柏林禪寺住持、河北禪學研究所所長淨慧法師。受法師的邀請，我參加了柏林寺第九屆生活禪夏令營，給學員們舉辦了禪學講座。在此期間，法師聘請我擔任河北禪學研究所常務副所長。雖然我能力有限，仍義不容辭地答應了。之所以答應，是出於對法師慧眼相許的敬重。法師是僧界領袖，在教界、學界都享有盛譽。法師提倡的生活禪舉世皆知，其弘揚禪宗文化、激勵學術研究的善舉，也深為大家所敬仰。日前，河北禪學研究所主辦的《中國禪學》大型學術刊物，在海內外知名學者的支援下，順利創刊，已由中華書局出版；淨慧法師主持的數部大型禪學叢書也正在撰寫之中。而這三本著作，則可以看成是我對淨慧法師的衷心祝福。同時，我也衷心祝願東大圖書公司事業蒸蒸日上，為現代人源源不斷地提供更多、更好的精神食糧。

是為記。

吳言生

2002年9月9日於佛音閣

宗教文庫叢書

「人類如何去信仰」與「人類信仰什麼」是同樣重要的問題……

從「媽祖回娘家」的三牲五果，到伊斯蘭的齋月禁食；
從釋迦牟尼的菩提悟道，到耶穌基督的流血救贖；
多元的宗教是人類精神信仰的豐富展現，卻也是人類爭戰不息的原因。
然而，真正的多元化是建立在社會群眾彼此寬容及相互理解的基礎之上，
「宗教文庫」的企圖，
就是提供各種宗教的基本知識，以做為個人或群體認識各個宗教的管道。
畢竟，「人類如何去信仰」與「人類信仰什麼」是同樣重要的問題，
藉由這套叢書多樣的內容，
我們期望大眾能接觸多元的宗教知識，從而培養理性的態度及正確的信仰。

頓悟之道——勝鬘經講記

謝大寧／著

你不是去信一尊外在的佛
而是去信你自己的心

如果眾生皆有無明住地的煩惱，是否有殊勝的法門可以對治呢？本書以「真常唯心」系最重要的經典——《勝鬘經》來顯發大乘教義，剖析人間社會的結構性煩惱，並具體指出眾生皆有如來藏心；而唯有護持這顆清淨心，才能真正斷滅人世煩惱，頓悟解脫。

唯識思想入門

橫山紘一／著　許洋主／譯

從自己存在的根源除去污穢
而成為充滿安樂的新自己

疏離的時代，人類失去了自己本來的主體性，並正被異化、量化為巨大組織中的一小部分，而如果罹患了疏離感的現代人不做出主動且積極的努力，則永遠不得痊癒。唯識思想的歷史是向人類內心世界探究的歷史，而它的目的就在於：使人類既充滿污穢又異化的心，恢復清淨及正常的本質。

改變歷史的佛教高僧　于淩波／著

大法東來，經典流布
佛門龍象，延佛慧命

佛教的種子傳入中國之後，所以能在中國的土壤紮根生長，實在是因為佛門高僧輩出。他們藉由佛經的翻譯及法義的傳播來開拓佛法，使佛教蓬勃發展。當我們追懷魏晉南北朝時代的佛教及那個時代的高僧時，也盼古代佛門龍象那種旺盛的開拓精神可以再現，為佛法注入新的生命。

伊斯蘭教與中國社會　葛　壯／著

堅定信仰真主的力量
成為優越奮發的穆斯林

曾經有一個虔誠的穆斯林說：「如果我信仰真主，當然是我優越，如果我不信仰真主，這條狗就比我優越。」就因為穆斯林們的堅定信仰，使得阿拉伯的伊斯蘭文化不斷地在中國各地傳播，並與中國各朝代的商業、政治、文化及社會產生了密切的互動。且讓我們走進歷史的事蹟裡，一探穆斯林在中國社會中的信仰點滴。

從印度佛教到泰國佛教　宋立道／著

一尊獨一無二的翡翠玉佛
一段古老而深遠的佛教傳播

南傳佛教歷經兩千餘年的發展，堅定地在東南亞大陸站穩腳跟，成為當地傳統文化的主流，不僅支配人們的道德觀念、影響人們的生活情趣，更成為泰國政治意識型態的一部分。藉由玉佛的故事，且看一代聖教如何滲透到東南亞社會的政治、歷史與文化各方面，以及宗教在人類創造活動中的偉大作用。

印度教導論　摩訶提瓦／著　林煌洲／譯

若可實踐正確之身心鍛鍊
則真實之洞見將隨之而生

由正當的語言、思想及行為著手，積極地提升自己的內在精神，寬容並尊重各種多元的思想，進而使智慧開顯豁達，體悟真理的奧祕，這就是印度教。印度教強調以各種方法去經驗實在及實踐愛，而這正是本書力求把印度教介紹給世人的寫作動力。藉由詳盡的闡釋，本書已提供了一條通往永恒及良善生活方式的線索。

白馬湖畔話弘一

陳　星／著

一處清涼無染的白馬湖畔
一生魅力無窮的弘一大師

碧水瀲豔的白馬湖有著桃花源般的寧靜，它以超凡的秉性成為千丈紅塵中的清涼世界；而弘一大師就像引起湖面漣漪的一股清流，他與白馬湖作家群交錯成一幕魅力無窮的人文風景。本書娓娓道出弘一大師在白馬湖居留期間的事跡，讓您沈浸在大師的文心、藝術與佛緣裡。

圓通證道——印光的淨土啓化

陳劍鍠／著

啟化眾生正信
開闢人間希望淨土

佛教自清朝雍正皇帝以降，因未能防止無賴之徒剃度為僧，故僧流猥雜，使得佛法面臨滅法的劫難。在這種逆流的環境下，印光大師續佛慧命，啟化佛教信徒要能慎思明辨、確立正信；他並提倡他力往生的淨土思想，建立求生西方極樂的堅定信念，為人世間開闢了一片希望的淨土。

國家圖書館出版品預行編目資料

經典禪詩／吳言生著.－－初版一刷.－－臺北市；東大，民2002
面；　公分－－（宗教文庫）

ISBN 957-19-2722-8　(平裝)

224.513　　91018326

網路書店位址　http：// www. sanmin. com. tw

© 經　典　禪　詩

著作人　吳言生
發行人　劉仲文
著作財產權人　東大圖書股份有限公司
臺北市復興北路三八六號
發行所　東大圖書股份有限公司
地址／臺北市復興北路三八六號
電話／二五〇〇六六〇〇
郵撥／〇一〇七一七五——〇號
印刷所　東大圖書股份有限公司
門市部　復北店／臺北市復興北路三八六號
重南店／臺北市重慶南路一段六十一號
初版一刷　西元二〇〇二年十一月
編　號　E 22077
基本定價　肆元肆角
行政院新聞局登記證局版臺業字第〇一九七號

ISBN　957-19-2722-8　(平裝)